KB188334

유스티노 신부의
나의 울타리

유스티노 신부의

나의 울타리 **❶**

글쓴이 김평만

예 지
Wisdom Publishing

나의 울타리

한동성 신부(대전교구)

　나의 동창 김평만 신부님의 자전적인 이야기 『나의 울타리』는 하느님의 도우심과 형님의 희생 그리고 자신의 순명이 서로 결합된 하느님 찬양 노래이다.

　하느님께서 애잔하게 쓰신 곡을, 형님은 신부님께 몸으로 전해주었고, 신부님은 그 노래를 영혼으로 불렀다. 우리 삶의 노래들은 저마다 다르지만, 고뇌에 찬 불면을 거치지 않거나, 눈물로 씻겨지지 않은 목소리는 타인의 귓가에 다다르지 못한다. 그러나 신부님의 영가는 서곡부터 비가 내린다. 가장 귀여움을 받을 나이에 아버지를 잃었고, 감수성이 예민한 중고 시절 그것도 고교 입학시험 날 어머니를 하늘로 보내드렸기 때문이다.

어린 시절 신부님이 겪었던 고난의 광야는 말로 표현하기 힘겨운 역경의 순간들이었다. 하느님의 자비를 찾아볼 수 없는 황량한 사막에서 그의 여린 어깨는 인내를 배웠고, 그의 부드러운 심성은 지혜를 얻었다. 또한 그의 어둡고 나약한 영혼에 빛과 굳셈을 준 것은 하느님의 자애와 형님의 울타리였다. 그러기에 그의 노래에는 깊은 울림이 있다. 슬픔을 넘어 기쁨의 샘물이, 절망을 가로질러 희망의 아침 해가. 외로움의 산을 넘은 형제애의 망토가, 고통의 내를 건넌 환희의 종소리가 있다.

하여 그대 세상의 배신으로 길을 잃거나, 삶의 속임수에 망연하거든 귀를 열어 신부님의 노래를 들어보라. 그의 노래는 위로의 화로가 되고, 예지가 범람함을 보리라.

염경자 보나벤투라 수녀
(영원한도움의 성모수녀회)

성경에는 많은 이야기들이 있다. "아브라함 이야기, 이집트로 팔려간 요셉 이야기, 예수님의 탕자의 비유 이야기, 착한 사마리아인 이야기" 등등. 이 이야기들은 우리가 수백 번을 들어도 우리의 심금을 울린다. 각 사람마다 그 사람만이 갖는 유일한 이야기가 있다. 혹자는 하느님이 이야기를 좋아하시기 때문에 그렇게 많은 사람들을 창조하셨다고 말하기도 한다.

나는 임상사목 사도직을 30여 년간 하면서 수백 명의 삶의 이야기를 읽기도 하고 듣기도 하였다. 그 많은 이야기를 들을 때마다 신비롭기도 하고 경이롭기도 하며 늘 마음이 설렌다. 똑같은 이야기가 하나도 없으며 각 사람의 삶의 희노애락 안에서 하느님께서는 그 사람 안에서 계속적인 창조를 하고 계심을 깊이 깨우치곤 한다. 김평만 신부님의 자전적인 이야기 『나의 울타리』도 경이롭고 신비롭기만 하다.

신부님은 1년에 한 차례씩 여름방학 기간을 할애하여 이냐시오 영신수련 8일 피정을 지도하신다. 나는 매년 그 피정에 동반하고 있는데 『나의 울타리』 본문에 나오는 몇 가지 에피소드를 피정 때 들었다. 신부님은 자신의 이야기를 성경의 하느님 사랑과 연결시켜 피정자들에게 들려주곤 한다. 그때마다 피정자들은 자기 인생 안에서 겪었던 갈등과 고통을 받아들이는 은총을 받는다. 신부님이 과거에 겪으셨던 갈등과 고통의 이야기가 피정자들에게 공감을 일으켜 하느님을 만나는 도구가 된 것이다.

짐작건대 『나의 울타리』를 대하는 독자들도 신부님의 이야기를 통해 자신의 삶을 하느님의 눈으로 되돌아보는 축복을 받게 될 것이다. 그리하여 각자의 삶에 개입하시

는 하느님의 손길을 느끼면서 마음과 영혼이 새롭게 창조
되어가는 것을 깨닫게 될 것이다. 더 나아가 마르지 않는
하느님 사랑의 샘, 은총의 샘물을 퍼 올리게 될 것이다.

이순성 베드로 신부
(글라렛 선교수도회)

독자들로 하여금 아주 편안하게 읽고 공감할 수 있는 기회이자 체험 나눔을 할 수 있게 엮어낸 『나의 울타리』의 내용들은 참으로 안온하다.

신부님은 어린 시절 탱자나무 울타리가 없어지면서 발생한 토끼 도난 사건과 죽음의 문턱에서 다시 소생한 강아지 사건을 회고하면서, 자신의 체험을 통해 깨달은 울타리의 소중함을 이야기한다. 그리고 성장기를 거치며 겪은 여러 가지 체험들은, 유년기의 울타리를 넘어 관계 안에서의 것으로 승화되고 이타적이면서도 심화된 채 통합 작용까지 하고 있는 폭넓은 울타리로 발전했음을 보여준다. 이 책에서 신부님은 자신의 삶을 "생존지향성(survival orientation/'생명의지')"에서 "성장지향성"으로 변화시킨 원동력이 결국 울타리였음을, 이런 사실을 독자들과 함께 공유하고자 하는 마음을 드러내고 있다.

특히 큰형님에 관한 내용은 잔잔한 감동에 더하여 은근히 눈시울을 따뜻하게 만들고 만다. 아픔을 한 번도 표현한 적이 없었으나 막둥이 동생의 첫 미사 때 흘러내리는 눈물은 더 이상 아픔의 눈물이 아니라 기쁨의 눈물이라고 확정한다. 사람이 아픔의 눈물을 흘릴 때에는 그 어떤 높이의 것이든 소리를 낸다. 그러나 기쁨의 눈물을 흘릴 때는 소리를 내지 않는다. 그리고 그 눈물 안에서 본인은 즐거움과 유쾌함 그리고 활기참과 평화로움을 조용하게 누린다.

"진세를 버렸어라 이 몸마저 버렸어라. 깨끗이 한 청춘을 부르심에 바쳤어라."고 줄곧 외쳐대던 마음과 영혼의 승화된 안내잡이로 기능하는 "버림에 관한 기억", "아픔에 관한 기억"을 거쳐 "희망만이 있는 기쁨"으로 충만한 동생 신부에 대한 그냥 "동생 바보"로서의 큰형님의 참모습이다. "네가…. 네 동생 막둥이를 잘 부탁한다, 막둥이 잘 돌봐주어라!" 하시며 어머니께서 마음 속 깊게 새겨주신 유언에 겸손되이 순명하며 사랑으로 사명을 수행하신 삶은 항상 현재인 거다.

사람의 삶은 단연코 의식적이면서도 목적이 설정된 방식이 있어야 하는데 큰형님은 그 방식을 분명하고도 명확하게 세상 사람들에게 입증하고 있다. "～위한 삶"이 어떤 것인지, 그리스도인으로서의 참신앙의 방식이 어떤 것이어야 하는지를! 아픔에 관한 체험 이후 그에 관한 기억이 안내해 주는 대로 기쁨 향방에로의 삶을 살아가는 현실적이고 구체적인 방식이 그것임을! 성체성사 안에서 신묘하게 체험한 바에 관한 기억이 그렇게 안내해 주는 대로 살아가는 것임을!

그동안 오랜 세월 정을 나누며 살아왔던 김 신부님의 큰형님, 고맙습니다! 김 신부님께 삶의 울타리, 인생살이의 울타리, 신앙의 울타리가 되어 주셔서! 그리하여 형제가 증언, 증거해 온 "~ 위한 삶"을 터득하게 해 주시어 급기야 그 울타리 넘어 더 큰 울타리인 교회 안에서만이 아니라 울타리 자체가 아예 없는 하느님 나라를 "~ 위한 삶"을 봉헌된 이로서 살아가도록 안내잡이가 되어 주셔서 감사합니다. 김 신부님 형제 모두에게 이러한 기회를 주신 하느님께서는 영광 찬미 받으소서. 아멘!

참신앙인의 모습에 관한 옛적 계시 사건의 내용 일부를 소개하는 것으로써 추천의 글을 마무리한다.

"저는 그 먼 옛날을 회상하고 아득히 먼 시절을 생각합니다. 밤새 마음속으로 되새기며 묵상하며 정신을 가다듬어 헤아려 봅니다. … 하느님께서 불쌍히 여기심을 잊으셨나? 분노로 당신 자비를 거두셨나? 제가 말합니다. '이것이 나의 아픔이네. 지극히 높으신 분의 오른팔이 변해 버리신 것이!'"(시편 77, 6-11)

차 례

빚진자에서 내어주는 자로 살고 싶다

금년은 나의 사제생활 25주년을 맞는 뜻깊은 해이다. 사제생활 25년을 포함하여 태어나서 사제가 되기까지 나는 빚진자로서 살아왔다. 곧, 하느님의 은총 덕분에 살아왔음을 실감한다. 하느님은 다양한 형태로 나에게 축복을 베푸시어 내 삶을 지탱해 주셨을 뿐만 아니라 사제로서 특은의 삶을 살게 해 주셨다. 앞으로 어찌될지는 모르지만 사제생활 50년이 되는 금경축까지 건강하게 살고 싶다. 지금까지는 빚진자로서 살아왔으므로 이제는 내어주는 사제로 살고 싶은 열망이 커졌기 때문이다.

하느님은 당신을 대리하여 사랑을 베풀 수 있도록 이 세상 자녀들에게 부모를 보내주셨다는 말이 있다. 성경에도 하느님께서는 직접 축복을 베푸시기도 하지만, 신앙의 선조인 아브라함을 통하여 모든 민족에게 축복을 내려주신다. 하느님께서는 아브라함에게 모든 민족의 축복의 통로가 되는 약속을 하셨다.

"나는 너를 큰 민족이 되게 하고, 너에게 복을 내리며, 너의 이름을 떨치게 하겠다. 그리하여 너는 복이 될 것이다. … 세상의 모든 종족들이 너를 통하여 복을 받을 것이다."(창세 12, 2-3)

일반적으로 하느님께서는 부모님을 우리 은총의 통로로 삼아서 당신의 축복을 베푸신다. 무엇보다도 우리는 부모에게서 무엇과도 바꿀 수 없는 소중한 생명을 받을 뿐만 아니라 손발이 다 닳도록 고생하시는 부모님의 애정 어린 손길 덕분에 하느님의 모상을 닮은 인간성을 형성하여 살아간다. 그렇게 나도 부모님의 사랑 안에서 태어났고, 부모님의 애정어린 손길과 돌봄을 받으며 자랐기에 지금의 나로 살 수 있는 것이다.

그런데 애석하게도 우리 부모님은 평균 수명을 누리지

못하셨다. 더구나, 나는 막내로 태어났으므로 부모님을 통한 하느님 사랑을 길게 받지는 못했다. 아버지는 내가 네 살 때에 돌아가셨고, 어머니는 내가 열여섯 살 때 하늘 나라로 가셨다. 그래서 마음 한켠에 늘 아쉬움이 남아 있다. 부모님을 이토록 빨리 데려가신 하느님께 대한 서운함이다.

사제가 된 후 로마 유학중에 스페인 만레사에 있는 예수회 피정 센터에 가서 피정을 한 적이 있었다. 이냐시오 성인이 성령의 은총으로 완전한 회개와 사도적 소명을 받았다고 하는 만레사 동굴에서 기도를 드리며 예수님의 수난 묵상을 하던 중에 갑자기 무의식 속에 잠재해 있던 하느님께 대한 원망이 울컥 솟구쳐 올랐다.

"제 부모님을 왜 이토록 일찍 데려가셨습니까? 저는 부모님의 사랑을 받을 자격이 없는 사람입니까? 도대체 저의 무엇이 당신의 마음에 들지 않으신 겁니까?"

마음속 깊이 잠재해 있던 하느님께 대한 서운함을 쏟아내자 예수님께서 수난당하시는 모습으로 나타나시어 "유스티노야! 내가 너에게 참으로 미안하구나!" 하고 말을 건네셨다.

기도 안에서 건네시는 예수님의 음성이 들리자 고조되었던 감정이 잠잠해지면서 마음이 고요해졌다. 이렇게 기도 안에서 예수님을 만나고 십자가에 대한 묵상 덕분에 잠재해 있던 하느님께 대한 원망이 사라졌다. 부모님께서 일찍 돌아가시게 된 것은 하느님께서 원하신 것이 아니라 '세상의 죄 탓'이 아니던가! 바로 '세상의 죄'를 없애시기 위해 예수님께서 저토록 매를 맞으시고 죄의 대가를 치르기 위해 십자가상에서 돌아가신 것이 아닌가!

은경축의 해를 맞이하기까지 지난 삶을 돌아볼 때, 내가 지금 이 자리에 있기까지는 하느님의 크신 사랑이 함께하셨기에 가능했음을 깨닫게 된다. 나의 경우에는 우선 부모님을 통해서 하느님의 축복이 베풀어졌지만 나의 형제들을 통해서 특히 나의 맏형을 통해서 하느님께서는 나에게 많은 축복을 주셨다. 그동안 사제생활 중에 내가 만났던 많은 분들이 생각난다. 그분들의 사랑과 배려, 기도와 희생으로 지금까지 사제로 무탈하게 살고 있다.

내 삶의 버팀목 역할을 한 분들 중에 가장 많이 생각나는 분은 단연코 나의 맏형이다. 그분의 보호와 양육과 희생과 배려가 가장 큰 버팀목이 되어 내가 지금 이 자리에 서 있는 것이다.

이 책을 통해 그 동안 나의 맏형에게 받은 사랑을 기억하고 싶다. 그리고 맏형님을 통해 베푸신 하느님의 사랑에 찬미와 감사를 드린다. 또한 빚진자로서 하느님 사랑의 멍에에서 영원히 벗어날 수는 없겠지만, 그 사랑의 기억을 통해 앞으로의 나의 삶이 '빚진자'에서 '좀 더 내어주는자'로 전환되기를 소망해 본다.

1

다이아몬드 손

다이아몬드 손

내 생일은 음력으로 5월 5일 단오절이다. 음력 생일이 기억하기가 좋기도 하거니와 예전에 음력으로 생일을 기념하다 보니 양력으로는 생일이 언제인지도 몰랐다. 최근에야 인터넷 검색을 통해 양력 생일도 언제인지 알게 되었다. 사제가 된 이후에는 자연스레 생일보다도 주로 축일을 기념하지만 큰형님은 해마다 축일보다도 내 생일을 기억하며 축하해 주신다.

7~8년 전쯤 생일 날, 큰형님에게서 생일 카드를 받았다. 큰형님은 생일날이 되면, 축하 꽃다발이나 축하 화분

을 보내면서 축하 전화를 하곤 하셨는데, 그때는 축하 전
화가 아닌 생일 축하 카드를 보내주셨다. 동생에게 특별
한 마음을 전달하고 싶었던 것이다. 생일 카드 내용에는
형님의 진심이 그대로 묻어났다.

동생 신부가 태어났을 때,
나는 그 손을 보았지,
오뉴월 감나무 잎사귀가 미풍에 살랑거릴 때,
햇볕에 반사되어 마치 다이아몬드처럼 반짝거리던
그 조막만한 손을,
아기의 손이 얼마나 이뻤는지…
귀 빠진 날을 축하해.

큰형님은 내가 태어났을 때의 당신의 마음을 시적 감성으로 표현하셨다. 그 카드를 받고 참으로 감격스러웠다. 큰형님은 내 출생을 지켜본 목격 증인으로서 내가 태어날 때 나를 어떻게 생각했는지 그 마음을 느낄 수 있었고, 내가 얼마나 큰 축복 속에서 태어났는지 생일 카드를 통해 되새겨볼 수 있었다.

내가 태어났을 때 큰형님은 열두 살이었다. 어머니는 저녁밥을 짓기 위해 가마솥에 불을 지피시다가 갑자기 산기를 느껴 방으로 들어가셨고 동네 산파가 와서 어머니를 도와 내가 태어났다고 한다. 하느님께서는 나의 탄생에 대해 시적으로 아름답게 기억해 주시는 형님과 같은 부모님의 피를 나누어 받은 형제로 맺어주셨다.

우리 부모님은 슬하에 3남 2녀를 두셨는데, 내 위로 형님 두 분, 누님 두 분이 있다. 안드레아라는 세례명을 가진 큰형님이 맏이다. 사실 어머니는 나를 출산할 형편이 아니었다고 한다. 어머니께서는 큰누님을 낳으신 후 산후조리를 잘못하여 열병에 시달리셨다고 한다. 게다가 설상가상으로 열을 더 높이는 잘못 조제된 한약을 드시고 '산후풍'이 와서 거의 죽음의 직전까지 이르렀다고 한다. 죽음 직전에서 회복하기는 하셨지만, 그 후유증으로 건강을 상실해 몸이 부실해지고, 고열로 인해 시신경이 손상되어 시각장애를 겪게 되셨다. 시신경의 손상으로 사물을 명확하게 구분하지 못하시고 그저 희미하게 형체만 보실 수 있었다.

이런 상황 속에서도 어머니께서는 아이 셋을 더 낳으셨다. 작은형님, 작은누님, 그리고 마지막으로 나를 낳았다. 오늘날처럼 어머니께서 이기적인 행복을 추구하거나, 가정형편을 생각하여 산아조절을 생각하는 분이셨다면 나는 이 세상에 존재하지 못했을 것이다.

하느님이 주신 생명을 기꺼이 받아들이신 어머니!

사람은 다 자기 먹을 것을 가지고 태어난다는 믿음을 가지신 어머니!

나는 이런 어머니 덕분에 세상에 태어날 수 있었다. 예수님이 탄생했을 때, 주변에 있던 양떼들과 목동들이 예수님의 탄생 소식을 듣고 기뻐했듯이, 나의 탄생에는 막내동생의 탄생을 진심으로 기뻐하고 축복을 보내신 맏형

님이 계셨다. 하느님께서는 맏형님과 형제 관계를 맺게
하시어 예사롭지 않게 펼쳐질 내 인생의 고빗길에 함께
할 수호천사로 예비해 주셨다. "태양이고 방패이시며"(시
편 84) 모든 것을 섭리하시는 은총의 주관자이신 주님께서
는 형님을 통해 나에게 호의를 베풀어 주셨다.

2

〈안녕, 아빠〉

〈안녕, 아빠〉

2007년 한 TV 방송에서 〈휴먼 다큐 사랑 ─ 안녕, 아빠〉 편이 가정의 달에 맞춰 방영되었다. 나는 이 영상을 2009년 가톨릭청년성서 연수회에서 처음 접하였다. 참된 사랑의 의미를 생각해 보도록 하는 의도에서 마련된 연수 프로그램 중에 연수생들이 그 영상을 보게 되었는데, 나도 그때 지도신부로서 함께 보았다. 〈안녕, 아빠〉는 대장암에 걸려 죽음을 앞둔 마흔한 살의 가장과 그 가족의 이야기를 담은 것이다. 사랑하는 가족을 두고 차마 떠날 수 없는 가장은 힘든 투병의 나날을 보낸다. 그런 그의 곁을 굳게 지켜준 아내와 아직 어린 여덟 살과 열 살의 남매는 지상에서의 마지막 이별의 순간을 맞게 된다. 그 가장은 임종 직전 엄습해 오는 고통과 불안에 떨면서도 아내와 아이들을 두고 먼저 가는 미안함을 토로하며, 아내에게 "좋은 남자 만나 재혼하라"는 당부도 잊지 않았다. 그리고는 성탄절을 앞두고 사랑하는 가족을 남겨둔 채 하늘나라로 떠났다. 프로그램은 남편의 무덤가에 꽃을 들고 찾아간 아내가 흐느끼며 "안녕 여보! 안녕 아빠!"를 되뇌는 장면으로 끝맺는다.

이 영상을 접한 분들은 아마도 대부분 너무나 가슴 아픈 사연에 눈시울을 적셨으리라! 그런데 영상을 보는 중간에 내 눈물샘이 수도꼭지처럼 열려버렸다. 연수생들과 함께 있을 수 없을 정도로 가슴이 저려오는 깊은 울림을 느꼈다. 흐르는 눈물을 주체할 수가 없어서 그런 모습을 연수생들에게 들키기 싫어서 지도신부 방으로 피해 들어갔다. 가슴 깊이 저려오는 울림을 준 장면은, 임종을 앞두고 어린 두 자녀들을 바라보는 아버지의 눈길이었다. 그 장면이 과거 나의 아버지가 임종을 앞두고 나를 바라보신 그 눈길과 오버랩되면서 옛 기억이 소환되었던 것이다.

  아버지께서는 내가 네 살 때, 하늘나라로 가셨다. 그때 아버지는 병환으로 얼마간 고생하시다가 세상을 떠나셨기에 아버지에 대한 기억이 그리 많지 않다. 그러나 어린 나를 바라보시던 그 순간의 모습만은 내 기억에서 지워지지 않고 생생히 남아 있다. 아버지는 여느 가족의 아버지들처럼 가족을 돌보기 위해 부지런히 일하셨다. 이런 아버지의 노력 덕분에 당시 기준으로 많은 토지를 소유한 부농이 되었다고 한다. 하지만 아버지께서는 뜻하지 않은 병고로 건강을 잃고 투병생활을 하게 되셨다. 오늘날 의료수준이라면 회복될 수 있을 정도의 병이었겠지만 당시에는 과로가 겹쳐 회복하기 어려운 중병으로 변해버린 것이었다.

  임종을 앞둔 아버지께서는 어린 나를 지긋하게 바라보셨다. 아버지가 드시던 사탕을 내게 건네시며 바라보시던 그 눈빛의 의미를 어린 내가 어떻게 알아차릴 수 있었겠는가! 단지 범상치 않은 아버지의 모습이 내 기억 창고에 신비로움을 간직한 채 남아 있을 뿐이다. 내 나이 40대 중반이 되었을 때, 그리고 〈안녕, 아빠〉 다큐를 보았을 때, 철부지 네 살 때의 어린 나를 바라보시던 아버지의 눈길의 그 의미가 확연히 깨우쳐졌다. 지금 생각해 보면 마치 "나는 너를 영원한 사랑으로 사랑한다 하신"(예레 31,3) 하느님의 마음이 아버지의 눈길로 전해진 것이다.

아버지는 어린 자녀들 다섯과 몸이 성치 못한 아내를 두고 어떻게 눈을 감으실 수 있었을까? 지금 생각해도 아버지의 운명이 너무나 애처롭고 가엾게 여겨진다. 하느님께 가시면서 이 세상 걱정들은 훨훨 털어버리고 홀가분하게 가셨으면 좋으련만! 상황의 심각성을 모르는 철부지 막내인 나와 자녀들이 눈에 밟혀 고통스러우신 아버지께서는 하느님께 자비를 청하며 그분의 품에 안기셨을 것이다.

당시 남아 있는 우리 가족의 짐도 만만치 않았으리라! 특히 몸도 성치 못한 상태에서 서른여덟 살에 청상과부가 되신 어머니, 열다섯 살의 나이로 아버지의 역할을 떠맡아야 했던 맏형의 심경이 어떠했을지 상상이 가지 않는다. 1년간 아버지를 추념하는 상막을 차려놓고 그 앞에서 매일 곡을 하시던 어머니의 모습이 기억난다. 망자에 대한 예를 지키기 위해서였지만 당신이 감당해야 할 앞날에 대한 암울함과 남편을 떠나 보낸 슬픔이 너무 커서 그것들을 떨쳐내기 위해 매일 곡을 하신 게 아닐까 싶다.

어머니는 일년 동안 그렇게 마음을 정리하신 후 시장 터에 자리를 잡은 후 살던 집을 팔고 평화로운 분위기가 감도는 이웃 마을로 이사하여 제비 새끼들처럼 당신만 바라보는 어린 다섯 자녀들과 새 둥지를 틀었다. 이때부터 큰형님은 집안의 가장 역할을 감당해야 하는 맏이로서 책임감을 가지고 남다른 청소년 시기를 보내셨다.

나의 울타리

3

천주교 집안이
되기까지

✝천주교 집안이 되기까지

내가 태어난 곳은 전라북도 모악산 금산사 근처의 마을로 증산교의 핵심 성지가 있는 곳이다. 증산교의 창시자가 이곳에서 도를 깨쳐 증산교를 설파한 곳이기 때문이다. 내가 이곳에서 태어난 연유도 증산교와 밀접한 관계가 있다. 친할머니께서 증산교의 독실한 신도였기에 당신이 사시던 고장을 떠나 이곳으로 이주하셨다고 한다. 그리고 외할머니 역시 증산교를 믿는 분이셨다.

아버지가 어머니와 결혼을 하게 된 계기도 증산교가 절

대적인 영향을 미쳤다. 당시 어머니는 열네 살의 나이로 조혼을 하게 되었다. 1940년대 일제에 의해 자행된 만행이자 우리나라의 아픈 역사인 종군 위안부에 끌려가지 않기 위한 고육지책으로 시급히 조혼을 선택한 것이다. 그렇다고 당신 딸을 아무에게나 결혼시킬 수 없던 외할머니의 근심걱정이 참으로 컸을 것이다.

외할머니는 당신 딸의 배필을 고심하다가 당신이 다니던 증산교 교당에서 봉사하고 있는 건실한 청년이 마음에 들었다고 한다. 외할머니가 보시기에 당시 아버지가 부지런하고 성품이 바르다고 생각하여 마침내 그 청년에게 당신 딸을 배필로 삼도록 허락하셨다. 아버지께서는 자신의 성품을 알아주셨을 뿐만 아니라 천생연분의 인연을 맺게 해 주신 장모님이 너무나 고마워 늘 결초보은의 마음으로 장모님이신 외할머님을 극진히 대하셨다고 한다.

다른 한편 아버지는 증산교가 당신 어머님과 장모님이 믿는 종교라서 존중하고 증산교 교당에서 봉사하기는 했지만, 그 종교에 신앙적으로 깊은 관심을 두지는 않으셨다고 한다. 예컨대 그 종교가 주창하는 교리, 곧 머지않아

후천개벽의 새 세상이 도래한다는 시한부 종말사상에는 거리를 두신 것이다. 아버지는 가장으로서 책임이 막중한 상황이어서 현실 문제에 더 마음을 두신 것 같다. 아버지는 농사뿐만 아니라 상업도 겸하면서 열심히 일한 덕분에 마침내 자수성가를 이루셨다.

하지만 생의 마지막 시기에 당신이 감내해야 했던 시련들, 곧 병고 앞에서는 자유로울 수가 없었다. 이런 시련이 닥치자 당시 성행했던 민간신앙에 의탁하여 시련을 극복하려고 했다. 그래서 무당이 자주 집에 드나들었으며 치병굿이나 액막이 굿 등을 하셨다고 한다.

어느 날 아버지께서는 산소 문제에 대하여 용하다는 점쟁이의 자문을 구했는데, 그 점쟁이의 자문에 실망하여 당신이 의탁하던 무속의 세계에 거리를 두게 되었다고 한다. 그리고 당신이 평소 알고 지내던 천주교 신자분들을 신뢰하게 되어 임종이 얼마 남지 않았을 때 천주교에 입문하셨다. 아버지는 '바오로'로 세례를 받으셨다. 아버지가 돌아가신 후에 우리 가족은 한 사람 한 사람 천주교로 입문하게 되었다. 이렇게 아버지가 돌아가실 무렵 가톨릭에 입문하신 덕분에 우리 가족은 천주교 집안이 된 것이다.

또한 내가 태어난 고장이 다른 지역보다 빨리 가톨릭 복음이 선포된 곳이기도 하다. 그곳에는 박해를 피해 들어온 우리 신앙 선조들의 집성촌이 형성되었으므로, 일찍부터 성당이 세워졌다. 서울대교구 주교좌 성당인 명동성당이 세워진 이듬해에 세워져 축성된 수류 성당이다. 그리고 그곳에서 6킬로쯤 떨어진 내가 살던 면소재지에는 공소가 있었다. 지금의 원평 성당이다. 이미 그리스도의 복음의 씨앗이 그 지역에 뿌려진 터여서 아버지께서 다행스럽게 천주교 신앙을 접할 수 있었던 것이다.

한 집안에서 사제가 탄생되기 위해서는 천주교 신앙의 역사가 필요한데 적어도 2~3대에 걸쳐 믿어 온 신앙의 집안에서 사제가 탄생된다고 한다. 우리 집안의 경우는 좀 예외에 해당되지만, 우리 집안의 신앙 역사도 그 나름의 의미가 있다. 다름 아닌 독실하게 가톨릭 신앙에 귀의하신 어머님과 큰형님이 나에게 영향을 미쳤다. 어머니와 큰형님은 아버지가 돌아가신 후 자발적으로 성당에 나가서 교리를 배워 세례를 받으셨다. 그리고 큰형님은 중고등학교 시절 성당에서 열심히 활동을 하면서 본당 신부님과 가깝게 지내며 행복한 신앙생활을 하셨다고 한다.

그러다가 어느 날, 본당 사제관에 있는『천국의 열쇠』라는 책을 빌려 읽고서 마음에 큰 반향이 일었다고 했다. 예컨대 큰 반향이란『천국의 열쇠』의 주인공 치섬 신부처럼 사제의 길을 가고픈 마음이 생겼다고 하셨다. 하지만 형님은 아버지를 대신하여 동생들을 돌보아야 하는 여건 속에서 사제의 길을 결단하기에는 어려움이 많았다. 결국 형님은 당신이 꿈꾸던 사제의 길을 가지 못했다.

대신 형님의 꿈이 암암리에 나에게 전해졌다. 나도 고1 때『천국의 열쇠』를 읽고 내 안에 성소가 자라기 시작했다. 지난 시절을 돌이켜 볼 때, 내가 사제가 된 것은 우연이라기보다는 독실한 신앙인이 된 큰형님의 영향이 컸다. 아버지의 천주교 입교가 우리 집안의 복음의 씨앗이 되었고, 사제의 꿈을 현실에서는 이루지 못했지만, 신실한 믿음으로 살아가시는 큰형님이 내 사제 성소의 못자리가 되어주셨다.

나의 울타리

④ 크레파스

크레파스

초·중·고 시절, 내가 가장 싫어하는 과목은 단연코 미술이었다. 대부분의 과목은 좋아했지만, 미술을 좋아하지 않게 된 이유는 초등학교 1학년 때 미술과 관련된 마음의 상처 때문이다.

아버지가 돌아가신 후 우리 집 가세는 서서히 기울기 시작했다. 어머니께서 한약을 잘못 써서 생긴 약화 사고로 몸이 성치 않았을 뿐만 아니라, 다섯 형제 모두가 초등학교부터 고등학교까지 다니는 상황이라 우리 가족은 아버지께서 일군 농토를 조금씩 처분하면서 살고 있었다. 이런 경제적인 어려움을 겪으면서 기본적인 필요 물품들을 갖지 못하는 경우가 많았다. 그 중 하나가 미술 시간에 당연히 필요했던 크레파스다. 1학년에 입학하고 나서 미술 시간에 그것을 준비할 수 없어서 미술 시간마다 옆 친구의 크레파스를 빌려 쓰곤 했다. 그런데 그것도 한두 번이지 계속해서 빌려 쓰는 것이 미안하기만 했다. 그 당시 나는 숫기도 없어서 미술 시간이 될 때마다 심리적 압박이 점점 더해갔다.

마침내 어느 날 아침, 크레파스를 사 주지 않으면 절대 학교에 가지 않으리라는 마음으로 어머니께 징징대기 시작했다. 어머닌들 크레파스를 사 주고 싶지 않았겠는가? 나는 학교에 가지 않는 것으로 그 동안의 서러움을 시위하기 시작했지만 어머니 수중에는 돈이 한 푼도 없었다. 결국 그날 크레파스 때문에 학교에 가지 않아 어머니께 매를 많이 맞았다. 이불을 뒤집어쓰고 억울한 마음에 씩씩대며 한없이 울었다. 크레파스 없는 것도 서러운데 매까지 맞았으니… 그러자 어머니는 당신이 때려 상처난 내 종아리에 약을 발라 주시고 달래면서 내 마음을 어루만져 주셨다.

실컷 눈물을 쏟아낸 후 어머니의 위로까지 받았으므로 어느 정도 화가 풀리긴 했지만, 다음날 학교에 갈 것이 걱정되었다. 선생님께 결석한 이유를 어떻게 설명할 것인지, 야단을 맞지는 않을지 마음이 혼란스러웠다. 다음날 아침 무겁게 발걸음을 옮겨 학교에 갔는데 담임 선생님은 위축되고 뻘쭘해하는 나를 넌지시 바라보시며 내 마음을 어루만져 주시는 듯 조용히 나를 안아주셨다.

그로 인해 나는 학교 가는 두려움에서 해방되었고, 선생님에게 신뢰받고 있음을 느끼면서 명랑함을 되찾게 되었다. 그 이후로 나는 어느 선생님을 만나든 그분들을 신뢰하게 되었다. 이렇게 신뢰를 주고받는 관계가 형성되지 않았다면 나는 세상 이치에 짓눌려 내 삶을 바르게 지탱해오지 못했을지도 모른다.

사제가 되어, 영성 특강에 초대받아서 강의를 하게 되었을 때, 크레파스와 관련된 내 어린시절 마음의 상처를 나눈 적이 있다. 그런데 특강이 끝난 며칠 후, 내 특강을 들으신 어느 자매님이 나에게 24색의 고급 크레파스를 선물로 주면서 "신부님께 꼭 크레파스를 사드리고 싶었어요."라고 하셨다. 지금 성인이 되고 사제가 된 나에게 실제로 크레파스가 무슨 의미가 있겠냐마는 그 자매님에게서 받은 크레파스는 철없던 어린 시절에 생떼 부리던 나에 대한 어머니의 마음을 깊이 헤아려보게 했다. 그리고 크레파스에 담아 내가 겪은 삶의 무게를 공감해 준 그 자매님이 참으로 고마웠다.

사랑스런 막내아들이 간절히 원하는, 미술시간에 꼭 필요한 크레파스 하나를 사주지 못하던 어머니의 마음은 얼마나 속상하고 괴로우셨을까! 어릴 적에는 몰랐지만 나이가 들어갈수록 다섯 자녀를 키우면서 어머니가 겪어야 했던 고초들이 새록새록 떠오른다. 그리고 그때의 어머니의 처지를 이해해드리지 못한 점이 무척 안타깝고 후회스럽다.

크레파스에 대한 일화는 나의 개인적인 체험이기도 하지만, 그 당시 대다수의 사람들이 겪을 수밖에 없던 시대적인 가난을 떠올리게 한다. 그래서 수많은 가정들이 어려운 형편을 탈피하려고 고향을 떠나 도시로 이주하였다.

고등학교 졸업반이던 큰형님 또한 어려운 가정 형편 때문에 고뇌가 깊었다. 서울에 있는 대학에 진학할 수 있는 충분한 실력을 갖추었지만, 기울어진 가정 형편을 생각하고 아픈 어머니와 동생들을 생각하여 가정에 보탬이 될 만한 직업을 택해야만 했다. 이런 갈등 상황에서 대학공부를 포기하고 공무원 시험을 준비하여 공무원이 되셨다. 아버지가 돌아가신 후 줄곧 빚을 져야 했던 우리 집은 그덕에 빚에서 해방될 수 있었다.

큰형님은 공무원으로 41년을 봉직했다. 역대 최장기 공무원 중 한 사람일 것이다. 형님은 당신이 대학을 포기하고 공무원의 길에 접어든 것에 대해 농담으로라도 불평이나 원망하는 것을 한 번도 들어본 적이 없다. 당신이 짊어져야 할 운명을 오히려 당연하게, 그리고 기꺼이 받아들이셨다. 그리고 대학을 못 다닌 것에 대해서도 애석해하지 않으셨다. 그 대신 지금까지 늘 손에서 책을 놓지 않고 생활하신다.

루카복음에 예수님께서 "너희도 분부를 받은 대로 다 하고 나서, '저희는 쓸모없는 종입니다. 해야 할 일을 하였을 뿐입니다.' 하고 말하여라."(루카 17,10) 하신 말씀대로 형님은 '그저 해야 할 일을 했을 따름'이라는 자세로 당신의 희생을 미화하거나 한 번도 내세우지 않으셨다. 형님의 이런 모습을 보고 있노라면 사제가 된 나보다 훨씬 사제적인 품성을 지니셨다는 생각이 든다.

5

울타리가 없다면

울타리가 없다면

내가 다섯 살 때부터 살았던 시
골 고향집은 큰형님이 정년퇴직 하시고 지금 그곳에서 살
고 계시다. 시골 고향집은 지금도 풍광이 꽤 좋은 곳이지
만, 예전 기억을 떠올려 보면 우리집은 지금보다 훨씬 더
아늑하고 목가적이었다. 집 뒤켠 나지막한 산 쪽으로 대
나무 밭이 있어서 여름철 살랑거리는 댓잎 소리만으로도
시원함을 느끼곤 했다.

　또한 집 앞에 있는 길가 울타리에는 탱자나무가 드리워
져 있어서 탱자꽃이 피면 은은하게 향기가 번지고, 가을

이면 노란 탱자가 주렁주렁 달려 운치가 있거니와 도둑이 전혀 우리집을 넘볼 수 없는 안전함을 느끼게 했다. 그리고 옆집과 마주하는 울타리에는 가죽나무들이 여러 그루 있어 새들의 쉼터가 되어 아침마다 새들이 새롭게 시작하라는 문안인사를 드려준 곳이다. 더불어 가죽나무는 그 잎을 말려 요리하면 향긋한 풍미를 느끼는 밥상이 되어주곤 했다.

이러한 목가적이고 아늑하던 우리집은 1972년에 시작된 새마을 운동으로 모습이 완전히 달라졌다. 새마을 운동으로 길이 넓어지고, 집들이 현대화되는 긍정적인 변화도 있지만, 아름다운 풍광들이 사라지는 부작용도 있었다.

그 당시 마을길을 넓혀야 한다고 해서 우리집의 탱자나무 울타리를 제거하고 시멘트 블록으로 담을 쌓게 되었다. 탱자나무를 없애고 담을 쌓기 전까지 울타리가 없던 공백기에 나는 가슴 아픈 일을 겪었다. 내가 키우던 두 마리의 토끼 중 한 마리가 무려 여덟 마리의 새끼를 낳았다. 토끼는 아주 소심한 동물이어서 새끼를 낳았을 때는 늘 밥

을 주던 사람만 밥을 주어야 한다. 다른 사람이 밥을 주면 위험을 느껴서인지 스스로 새끼를 물어 죽이는 동물이다.

그 불행한 일이란 탱자나무 울타리가 제거되던 날 밤에 우리집에 밤손님(?)이 다녀간 것이다. 아침에 토끼에게 먹이를 주려고 토끼장 막을 열어보니 어미는 사라지고 낳은 지 4-5일밖에 되지 않아 아직 눈도 뜨지 못하고, 털도 나지 않은 여덟 마리의 새끼들이 구물거리고 있었다. 내가 키우던 어미 토끼 두 마리를 밤손님이 가져간 것이다.

순간 가슴이 철렁 내려앉았다. 애지중지하던 어미 토끼가 없어져 황당하기도 했지만, 아직 뻘건 모습으로 구물거리는 새끼 토끼들에 대한 걱정이 이만저만이 아니었다. 구물거리면서 어미 없이 죽어가는 어린 토끼들을 바라보는 것은 어린 나에게 큰 고통이자 상처였다. 차라리 밤손님이 새끼 토끼들과 토끼장까지 몽땅 가져갔더라면 마음이 덜 아팠을 것이다. 그때 나는 이 토끼들의 비극으로 가슴앓이를 하게 되었지만, 어린 나이에 깨닫게 된 것도 있다. 바로 울타리의 중요성이다. 울타리만 제거되지 않았더라도 이런 비극은 일어나지 않았을 것이다.

내가 이렇게 보호받고 사제가 될 수 있었던 것은 물리적인 울타리를 넘어 한 가정의 정신적 울타리 역할을 해 주신 형님 덕분이다. 큰형님은 아버지의 부재, 성치 못하신 어머니의 건강을 대신하여 나를 보호해 주고 양육해 주고 위로해 주고 지렛대 역할을 통해 성장하게 해 주는 버팀목이자 울타리였다. 사제가 된 지금도 나를 보호하는 형님의 울타리는 내가 "한평생 주님의 집"(시편 27,4)에 머물러 살아가는 데 큰 힘이 되어주고 있다. 만일 나에게 이런 울타리가 없었더라면 나는 어찌 되었을까?

내가 초등학교 4학년 때, 고등학교 졸업 후 공무원시험 준비를 하던 형님은 나의 보호자가 되어 나를 데리고 전주에 있는 안과병원에 갔었다. 당시 새마을 운동의 일환으로 지붕을 개량하던 때에 홍역을 앓던 나는 온갖 먼지를 뒤집어쓴 후유증으로 안질환을 심하게 앓고 있었다. 안과 진료를 받으러 시골에서 전주에 가던 날, 나는 안질환으로 어떤 문제가 생기지는 않을까 하는 걱정보다는 형님과 함께 버스를 타고 처음으로 도시에 간다는 즐거움이 훨씬 더 컸다. 의사의 안과 진료와 약 처방을 받고 형님은 집으로 바로 오지 않고 나를 데리고 전주에 있는 오목대에 올라갔는데 가는 도중에 가게에 들러 복숭아를 사주셨다. 그 복숭아 맛이 어찌나 꿀맛이었던지 아직도 그 맛에 대한 기억이 생생히 느껴진다. 안과 진료만 보고 곧바로 집으로 돌아온 것이 아니라 동생을 배려하여 전주 구경을 시켜 준 것이다.

형님은 내가 초등학교 5학년 때 공무원시험에 합격하여 공무원이 되셨다. 이때부터 공무원인 형님 덕분에 나는 큰 횡재를 하게 되었다. 형님이 월급을 타는 날에는 어김없이 나를 위해「소년 중앙」잡지를 사다 주셨다. 그 잡지를 건네받으면 하루 이틀 만에 별책 부록까지 다 읽고는 반복해서 읽고 또 읽곤 하였다. 그러면서 형님의 다음 월급날을 애타게 기다렸다. 지난 시간을 돌이켜 보면 그때의 즐거운 기다림이 자칫 우울해하거나 근심걱정에 휩싸일 수 있는 것들에서 나를 보호해 준 것이다.

이때부터 내 성격이 차츰 쾌활해지고 명랑해진 것 같다. 그리고 형님 덕에 고향에서 중학교 과정을 거쳐, 고등학교 때는 전주에서 유학을 하고, 서울의 일반 대학교까지 무난하게 졸업할 수 있었다. 나는 막내로서 특별보호를 받았다. 다른 형제들은 진학하지 못한 대학교를 나만 다닐 수 있었기에 지금도 형제들에게 많이 미안하고 고마울 뿐이다.

나의 울타리

6 시험 보러 가는 날

시험 보러 가는 날

자녀들은 대부분 엄마에게 애착하는 '엄마바라기'이지만 나의 경우는 막내라서, 그리고 아버지의 부재로 말미암아 '엄마바라기'가 조금 더 심했다. 초등학교 시절 나의 기본 생활 패턴은 학교에서 돌아오면 가방을 마루에 던지고 송아지가 엄마소를 부르듯 어머니를 불렀다.

어머니가 집에 계시면 아무 일 없다는 듯이 밥을 먹고 밖에 나가 잘 놀다가 저녁때가 되어서야 들어온다. 하지만 어머니가 집에 안 계시면 갑자기 불안이 엄습하고 어머니가 계실 만한 곳을 찾아 나선다. 지금 같이 핸드폰이 보편화되었다면 동네 이웃집들을 헤매며 어머니를 찾지 않아도 되었을 것이다. 어머니가 어디 계신지 확인하고 나서야 집에 와서 밥을 먹고 놀러 가곤 했다. 만약 어머니를 찾지 못하는 날에는 점심밥도 먹지 않고, 놀러 나가지도 않은 채 집에서 어머니가 오시기만을 기다렸다.

어머니는 존재 자체로 우리에게 영육의 에너지를 주는 존재이셨다. 초등학교 시절과 중학교 때는 어머니가 내 곁을 떠나 하느님 곁으로 가실 수 있다는 생각을 해보지 않았다. 어머니가 내 곁을 떠난다는 생각 그 자체만으로도 내 삶의 토대를 허무는 것이기에 아마도 그런 생각이 떠오르지 못하도록 억눌렀다는 표현이 더 맞을 것이다.

그런데 중3 때, 어머니는 우리 곁을 떠나 홀연히 하느님 곁으로 가셨다. 어머니는 스물여덟 살 때 앓게 된 '산후풍' 이후로 자주 아프셨다. 특히 겨울철이 되면 기침이 심하셨고, 기력이 떨어지실 땐 1주일씩 앓아누워 계시곤 했다. 그래도 건강을 유지하기 위해 민간요법에 따라 체질에 맞는 음식이나 약초를 달여 드시곤 했다. 그 중에 오리를 약으로 자주 고아서 드셨다. 나는 어릴 적부터 오리 키우기와 오리 잡기 일을 많이 거들었다. 그래서 가수 나훈아의 〈홍시〉라는 노래에서 "홍시가 열리면 울 엄마가 생각이 난다"는 가사처럼 나는 지금도 오리 고기를 먹을 때마다 어머니 생각이 난다.

중3 때 시골 중학교에서 전주로 고입 연합고사 시험을 보러가는 날 아침, 청천벽력과 같은 일이 일어났다. 어머니가 갑자기 돌아가신 것이다. 돌아가시기 전날까지 어머니는 이웃집에 마실을 갔었다. 어머니가 돌아가시기 전날은 내가 고입 시험을 치르러 전주로 예비소집을 떠나는전날이기도 했다. 따라서 나는 어머니께서 마실에서 조금 일찍 돌아와 함께 합격 엿과 찹쌀떡을 나누며, 시험 보러 떠나는 나를 격려해 주시기를 바랐다. 마실 나가신 어머니를 기다렸지만 일찍 들어오지 않으셔서 밤 10시쯤까지 안방에서 기다리다가 건넌방으로 왔다.

막 잠이 들려고 하는데 어머니가 대문을 열고 마실에서 돌아오시는 인기척 소리가 들렸다. 거의 자정 무렵이어서 다음날 뵙기로 하고 그냥 잠이 들었는데 다음날 새벽 6시쯤에 어머니가 주무시는 안방에서 기침소리가 들렸다. 기침을 하시는 일이 잦았기에 처음엔 별로 대수롭지 않게 생각했다. 그러나 상황이 악화되어 호흡이 가빠지시고 심상치 않으셔서 형님은 출근을 하지 않고 어머니 곁에서 돌보아드리셨다. 나는 급히 약을 사러 가고, 작은누님은 어머니를 위한 병자성사를 청하러 본당 신부님께 가셨다.

그러나 어머니는 돌아올 수 없는 강을 건너고 계시는 긴박한 시간 속에 계셨다. 드디어 본당 신부님이 오셔서 병자성사를 집전하신 후 어머니는 큰형님 품에 안겨 편안히 세상을 떠나셨다. 새벽에 기침을 하신 지 불과 두 시간 만에 황망히 하느님 곁으로 가신 것이다. 세월이 지나고 보니 어머니가 자주 아프시기는 했지만 돌아가시기 전에는 마실까지 다녀오실 정도로 나름 건강하셨다. 그리고 돌아가시는 순간에는 의식이 또렷한 상태에서 짧은 시간 동안 고통을 겪으시고는 큰아들 품에 안겨 하느님 곁으로 가신 것이 그나마 큰 복이라고 여겨진다.

당시엔 갑자기 일어난 비상사태에 우리는 너무나 힘들고 정신을 차릴 수 없었다. 큰형님은 초연하게 이 긴급사

태에 대응하셨지만, 다른 형제들과 나는 넋이 나갈 정도로 울었다. 성당 교우들과 가까이 사는 친척들이 와서 빈소 차리는 것을 도와주서서 어머니의 주검을 안방에 모셨다.

형님은 다음날 내가 고입 시험을 치러야 하는 처지여서 당신 친구분을 동행시켜 그날 오후 나를 전주로 보냈다. 전주로 가기 전 돌아가신 어머니 얼굴을 마지막으로 영접하였다. 깊은 잠을 주무시고 계시기에 다시 깨어나실 것만 같았다. 꿈인지 생시인지 비몽사몽간에 전주에서 하룻밤을 묵고 시험을 치른 후 돌아와 보니 입관이 모두 끝난 상태여서 더는 어머니의 얼굴을 뵙지 못했다. 다음날 어머니가 다니시던 시골 본당에서 장례미사를 마치고, 아버지가 묻혀 계시는 가족 선산에 어머니를 안장했다.

어머니를 장지에 모신 후, 그곳에서 집까지 4킬로 정도 되는 길을 걸어서 다시 집으로 돌아올 때 마치 끝없는 사막길을 하염없이 걷는 기분이었다. 전날 고입시험을 치렀는데, 그 다음날은 어머니 없이 살아야 하는 고난의 인생 시험이 기다리고 있었다. 어머니 없이 사는 세상을 한 번도 생각한 적이 없었는데, 바로 그 일이 현실이 되고 만 것이다.

"우리를 죽이지 못하는 것은 우리를 더 강하게 한다."는 니체의 말이 떠오른다. 느닷없이 찾아온 어머니의 죽음으로 나는 말로 탄식할 수 없는 고통의 심연 속에서 헤매기도 하였지만, 하느님의 은총으로, 형제들의 지지로, 많은 은인들의 도움으로 인생이라는 시험에 낙방하지 않고 슬기롭게 응답하여 지금의 내가 될 수 있었다.

사제가 된 이후에 큰형님은 어머니께서 당신에게 말씀하신 마지막 유언을 내게 전해 주셨다. 어머니는 큰형님에게 "네가… 네 동생 막내를 잘 부탁한다, 막내를 잘 돌봐주어라!"라는 말씀을 남기셨다고 한다. 어머니는 죽음에 이르는 그 순간까지 나를 걱정하시며 하느님 대전으로 가셨다.

지금 사제가 된 내 모습을 보시면서 하느님 나라에 가셨다면 얼마나 좋아하셨을까! 하고 생각해 본다. 지금까지 사시다가 돌아가셨다 해도 어머니의 마음이 온전히 편치는 못하셨을 것 같다. 혹시나 당신 아들이 사제로 살면서

구설수에 오르지는 않을까? 그 외에도 이런저런 걱정을 하셨을 것 같다. 어머니는 살아생전 당신 자녀들에게 못다 한 사랑 때문에 늘 마음에 걸리셨던 것 같다. 따뜻한 밥상을 자녀들에게 차려 주고 싶었으나 시력 장애로 큰누님이 평생 어머니를 대신하여 밥을 짓고 밥상을 차리셨다.

자녀들을 위해 진심으로 걱정해 주시는 부모님이 계시기에 사람이 되어가고, 이만큼이라도 사람으로 살아가지 않을까 싶다!

7

사제 성소를 받다

✝ 사제 성소를 받다

사제로 살아온 지 올해로 25년
이 되고 보니 사제로 부르심 받은 순간이 스쳐 지나간다.
성경에 보면 베드로 사도가 부름 받은 첫 순간은 예수님과
의 만남으로 그가 품었던 상식의 세계가 무너지고 새로운
가치관이 열리는 때였다.

　　루카 복음 5장 1~11절에 보면 베드로가 어떻게 부름 받
았는지 그 일화가 나와 있다. 베드로는 자기 동네에 오신
예수님을 평소에 만났을 것이고 그분을 존경했겠지만 직
업을 버리고 또 부인을 두고 예수님을 따라 나서리라고는

추호도 생각하지 못했을 것이다.

그런데 어느 날 호숫가에 서 계신 예수님께 군중이 모여들었고, 예수님은 그곳에서 하느님 말씀을 전하셨다. 그때 밀려드는 군중을 감당하실 수 없어서 호숫가에 배를 정박하고 그물을 씻고 있던 베드로에게 부탁하여 그의 배 위에 오르셔서 뭍에서 조금 떨어지게 하신 다음 군중에게 말씀을 선포하셨다.

말씀 선포가 끝나고, 밤새 한 마리의 고기도 잡지 못해 허탕 친 베드로에게, 배를 빌린 삯을 지불하시려는 듯 "깊은 데로 가서 그물을 내려 고기를 잡아라." 하고 권고하신다. 이때 베드로는 예수님의 권고에 어이가 없었다. 왜냐하면 평생 갈릴레아 호수에서 고기를 잡아온 전문가의 관점에서 볼 때, 낮에는 고기들이 햇볕을 피해 호수 가운데 깊은 곳으로 이동한다는 것을 알고 있었기 때문이다.

하지만 베드로는 예수님의 호의 어린 권고에 그곳에다 그물을 내린다. 여기서 그의 상식과 고기잡이 전문가로서의 명성이 산산이 부서지는 일이 벌어진다. 그물이 찢어질 만큼 고기가 잡힌 것이다. 자신이 집착해 있던 고정관

념이 부서져 어쩔 줄 모르는 베드로에게 예수님은 새로운 가치관의 세계로 그를 초대하신다. "두려워하지 마라. 이제부터 너를 사람을 낚는 어부가 되게 하겠다."

나 역시 약간은 극적인 방식으로 사제 성소를 받았다. 초등학교 3학년 때부터 어머니는 나를 성당에 나가게 하여 세례를 받게 하려고 애를 많이 쓰셨다. 그러나 나는 어머니의 바람대로 움직이지 않았다. 오히려 어느 날 성당에는 절대 다니지 말아야겠다는 결심까지 하였다.

초등학교 때, 내가 사는 곳에서 6킬로 떨어진 곳에 본당이 있었고, 내가 사는 고장에는 공소가 있었다. 당시 본당 신부님께서는 오전에 본당에서 주일미사를 하시고, 오후 3시에 공소에 오셔서 주일미사를 봉헌하셨다. 공소의 경당은 마룻바닥에 의자도 없는 곳이어서, 신자들은 바닥에 방석을 깔고 앉아 불편하게 미사에 참례하였다. 그리고 공소 미사는 어린이 미사가 아닌 성인 미사라서 어린이들은 지루해질 수밖에 없었다.

그 당시 내가 공소 주일미사에 가고 싶지 않았던 이유는 어린이 미사가 아닌 성인 미사의 지루함도 한몫했지만, 결정적인 동기는 주일 오후 3시에 거행되는 미사 시간 때문이었다. 주일 오후 3시는 당시 온 동네 아이들이 모두 모여 신나게 노는 시간이었다. 그 시간에 노는 대열에 참여하지 못한다는 것이 내게는 큰 희생이었다. 하지만 신앙생활을 중히 여기시는 어머니의 손에 이끌려 불만스럽게 미사에 참례했다.

그러다가 어느 주일날, 신부님의 미사 강론이 길어져 미사가 늦게 끝났다. 평소 같으면, 미사를 마치고 동네에 돌아가 얼마간은 아이들과 함께 놀 수 있었는데 그날은 평소와는 달리 미사가 길어져 그 계획마저 수포로 돌아갔다. 그날 나는 어머니께 매를 맞더라도 절대로 성당에는 다니지 말아야겠다고 결심했다.

그날 이후 나는 주일날 아침부터 밖에 나갔다가 점심을 먹으러 집에 들어오지 않았다. 점심 먹으러 들어가면 어머니께 붙들려 성당에 가야 했기 때문이다. 그 결심 이후에는 하루 종일 밖에서 놀다가 저녁때 집에 들어가서 어머니께 꾸중을 듣고 매를 맞는 편이 오히려 낫다고 생각하였다. 주일 저녁때 어머니의 호통과 매가 기다리고 있었지만 나는 계속 주일미사에 참례하지 않고 어머니께 저항했다.

마침내 어머니께서 나의 저항에 손을 드셨다. 어머니께서는 "이제 성당에 가자고 하지 않을 테니 주일날 점심 먹으러 집에는 들어오너라."라고 하셨다. 이렇게 어머니께서는 고집 센 막내의 건강만이라도 챙겨주려는 바람으로 당신의 뜻을 양보하셨다.

이런 연유로 나는 초등학교와 중학교 시절에 성당과 멀어지게 되었다. 그러다가 중학교 3학년 때 공소였던 곳이 본당으로 승격되어 주임 신부님께서 머무시게 되었다. 새로 부임하신 본당 신부님께서는 아주 젊으신 분이셨고, 청소년 사목을 열정적으로 하시는 분이셨는데 부임하시고 얼마 후에 우리 집을 방문하셨다. 그리고 내게 호감을 가지고 다가와 주시며, 나를 다정하게 대해 주셨다. 본당 신부님을 뵙고 그분에 대한 호감으로 어느 날부터인지 슬그머니 성당에 다시 나가게 되었다. 이젠 억지로가 아니라 자발적으로 다니기 시작했지만, 중3이라서 성당에 열심히 다니지는 못했다.

그러다가 고등학교 1학년 때, 전주로 유학을 가서 자취를 하였다. 어느 날 저녁밥을 먹고 책장에 꽂혀 있는 한 권의 책을 들고 읽기 시작했는데, 그 책에 빠져들기 시작하여 그것을 다 읽을 때까지 손에서 놓을 수가 없었다. 저녁 7시에 읽기 시작하여 다음날 새벽 4시까지 그 책을 다 읽었다. 그 책은 바로 영국의 의사 작가 크로닌 박사가 쓴 『천국의 열쇠』였다. 그 책을 다 읽고 난 후 가슴이 하늘을 향해 뻥 뚫리고, 그 뚫린 가슴에 진한 감동이 밀려왔다. 그 책의 주인공 치섬 신부님처럼 살고 싶다는 열망이 물밀듯이 밀려들었다. 이 책을 통해 하느님께서는 나를 새로운 가치관의 세계로 안내해 주셨던 것이다.

　하느님의 부르심을 느끼고 내가 앞으로 사제로 살고 싶은 마음이 생겼다는 점을 본당 신부님께 알리고 싶었다. 부르심을 느낀 다음주 토요일, 수업을 마치고 고향집에 가서 본당 신부님을 찾아뵈었다. 본당 신부님께 "사제가 되고 싶다."고 말씀드렸더니, 본당 신부님께서는 내 말을 들으시고 눈을 둥그렇게 뜨시며 "그래~~" 하시며 놀라셨다. 그런데 "제가 아직 세례를 받지 않았는데요."라고

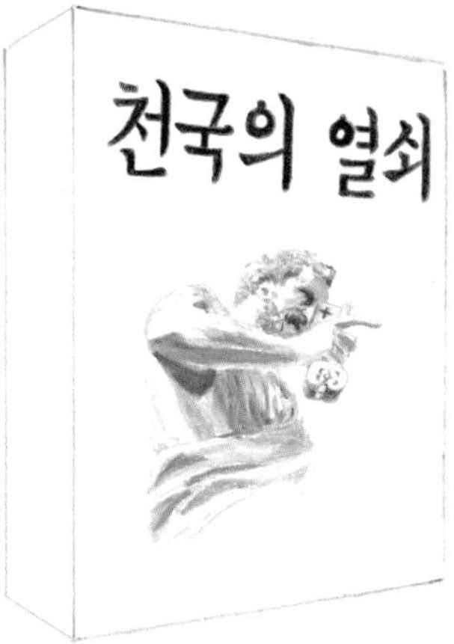
천국의 열쇠

말씀드리니 본당 신부님께서는 더 놀라셨다. 아마도 그분께서는 우리 가족 모두가 세례를 받았으니 나도 당연히 세례를 받았을 거라 여기셨던 모양이다. 본당 신부님께서는 "돌아오는 주일에 주교님께서 본당에 사목방문을 오시는데 세례식도 있으니 와서 세례를 받으라."며 나에게 특전을 베푸셨다. 이렇게 나는 사제 성소를 느낀 데 이어 곧바로 세례라는 선물까지 받게 되는 특은을 입었다.

"주님 저에게서 떠나주십시오. 저는 죄인입니다."라고 말씀드린 베드로에게 "두려워하지 마라. 이제 너를 사람 낚는 어부가 되게 하겠다."라고 말씀하신 것처럼, 보잘 것 없던 나를 주님께서 사제의 길로 들어서도록 불러주셨다. 이렇게 예수님께서는 나의 자격 없음을 자격 없다 하지 않으시고 더 높은 가치관의 세계에서 살 수 있도록 이끌어주셨다.

8

공든 탑이
무너지랴!

공든 탑이 무너지랴!

큰형님이 공무원으로 임용되
신 후, 그리고 내가 중학생이 되었을 때부터 우리 가족은
경제적인 어려움에서 벗어났을 뿐만 아니라 여러 면에서
비교적 안정된 생활로 접어들었다.

나는 중학생이 되어 공부에 대한 자질이 발휘되었고, 운
동 면에서도 뛰어나게 잘 하지는 못했어도 구기 종목들을
두루 좋아했다. 나의 중학교 시절은 공부와 운동, 친구들
과 나누는 친교와 우정을 쌓는 데 두루 전념하였던 시기로
그 시절은 교육의 이상이라고 여겨지는 지덕체를 함양해

가는 때로서, 삶의 만족도가 가장 높았던 것 같다. 하지만 중3 말기에 예기치 않게 갑작스런 어머니의 별세로 우리 가족은 마음의 충격과 함께 큰 시련에 처했다.

그 당시 막내인 나보다 훨씬 큰 인생의 암초를 만난 사람은 큰형님이라 여겨진다. 큰형님 역시 당신이 믿고 의지하던 어머니를 잃고 슬픔 중이었지만, 그 슬픔을 애도할 겨를도 없이 맏이로서 이제 가족에 대한 모든 짐을 떠안아야 하는 상황이었다. 당시 스물일곱 살의 청년이던 형님에게 맡겨진 책임치고는 너무도 과중했다.

큰형님은 당신의 슬픔을 억누른 채, 더 힘들고 더 허전해할 동생들을 위해 세심하고 사려 깊게 행동하셨다. 직장에서 일을 마친 다음에는 친구들이나 직장 선후배 동료들과의 회식이나 모임 등의 친교 시간을 일절 갖지 않고 퇴근 후 곧바로 집에 와서 동생들과 저녁식사를 함께 했다. 그리고 동생들을 뒷바라지하고 교육시키기 위해 사치와 낭비가 없는 검소한 삶을 사셨다. 직장인이라면 누구나 출근할 때 입고 다니는 양복과 넥타이마저도 형님은 사치라고 여기셨는지, 늘 잠바를 걸치고 출근하셨다. 꿈 많던 청년시절을 제대로 누리지 못하고 동생들 챙기는 데만 마음을 쓰셨던 것이다.

나는 중학교를 졸업한 후 시골을 떠나 전주에 있는 고등학교로 유학을 가게 되었다. 고등학교 입학 후 처음 몇 달은 시외버스를 타고 통학하며 지냈지만, 그 생활이 녹록지 않았을 뿐만 아니라 무엇보다도 공부시간을 확보하기가 어려워 학교 근처에서 자취생활을 시작하였다.

말이 자취였지, 실은 집이나 다름없었다. 큰형님과 누님들이 번갈아가면서 반찬을 날라다 주고, 자취방에 오셔서 밥을 해 주셨다. 특히 고3이 되어서는 큰형님이 내 곁에 머물면서 정성껏 나를 뒷바라지하시며 직장에 다니셨다.

지금도 그렇지만 고3 수험생 자녀를 둔 부모님들은 초비상 상태로 수험생을 지원한다. 고3 수험생의 심기를 건드리지 않는 심리적인 케어는 기본이요, 최상의 몸 상태를 유지하기 위해 영양 식단 마련, 자녀들이 원하는 대학에 들어갈 수 있도록 기도와 희생과 선행 등 온갖 정성을 다하여 고3 자녀에게 공을 들인다. 큰형님 역시 고3 수험생인 동생을 위해 당신이 하실 수 있는 모든 희생과 배려를 아끼지 않으셨다.

당시 고3이 되면 아침 8시 30분부터 오전 수업이 시작되고 오후 5시에 수업이 끝난다. 그 후에는 저녁식사와 얼마간의 휴식을 취한 후 밤 7시부터 11시까지 학교에서 자율학습을 실시한다. 그 당시에는 학교 급식이 없던 때라 학생들은 도시락을 두 개 준비하여 점심과 저녁을 해결하였다. 도시락을 준비해 오지 않으면 교내 일반식당에서 분식을 사먹을 수도 있고, 집이 가까운 학생들은 집에 가서 밥을 먹고 저녁 자율학습에 임하곤 했다.

큰형님은 당신도 직장을 다녀야 하는 처지였지만, 나를 위해 점심과 저녁식사용 도시락 두 개를 매일 정성껏 준비해 주셨다. 이를 위해 직장에서 퇴근하면 매일 시장에 들러 다음날 도시락 반찬을 준비하셨다. 그리고 아침식사로는 고단백 영양소를 섭취하도록 내가 좋아하는 소고기 무국을 끓여 내 앞에 대령하였다. 고3 수험생을 둔 어머니들도 하기 힘든 배려를 나를 위해 날마다 해내셨다.

공든 탑이 무너지랴!는 속담이 있다. 형님은 나를 위한

진심 어린 마음으로 하느님께 간절히 기도하며 자신이 할 수 있는 최선의 희생과 배려를 아끼지 않으셨다. 그러한 정성 덕분에 나는 대학에 입학할 수 있었고, 공든 탑을 튼튼히 세울 수 있었다.

요한 복음 21장에 예수님은 베드로에게 양들을 잘 돌보라는 사명을 내리신다. 그런데 예수님께서는 베드로에게 양들을 돌보는 사명을 내리시기 전에 세 번씩이나 "요한의 아들 시몬아, 너는 나를 사랑하느냐?"라고 물으신다. 한두 번도 아니고 세 번씩이나 사랑하느냐는 질문을 받을 때, 베드로는 자기가 세 번씩이나 예수님을 배반했던 기억이 떠올라 슬펐던 것이다.

비록 배반 후에 통회의 눈물을 흘리며 죄를 용서받고 마음이 치유되었지만, 베드로는 인간의 연약함을 떠올리며 자신도 모르는 사이에 예수님을 또 배반할지 모른다고 생각했을 것이다. 하지만 예수님의 세 번의 질문은 당신의 사랑을 기억하게 하여 양들을 돌볼 수 있도록 베드로를 더욱 강건하게 해 주는 질문이라 생각된다. 예컨대 예수님께서는 베드로에게 당신이 베푸시는 사랑을 기억하

게 하여, 그로 하여금 무너지지 않는 공든 탑을 튼튼히 세우게 해 주셨다.

그리하여 그는 죽을 때까지 예수님을 증거하는 강한 사명감을 가진 교회의 반석으로 다시 태어났다. 우리가 유혹에 쉽게 무너지지 않는 이유는 우리 부모님들이 정성들여 우리를 위한 공든 탑을 쌓으셨기 때문이다. 나를 공든 탑으로 우뚝 세워주신 형님의 공로와 사랑 덕분에, 나역시 부족하기는 하지만 어려움 속에서도 자긍심을 잃지 않으며, 부르심 받은 사명에 충실을 기하고자 노력하고 있다.

9

부르심에
응답하기까지

부르심에 응답하기까지

고등학교 1학년 때 나는 사제 성소를 느꼈지만 고등학교 졸업 후 바로 신학교에 가지 않았다. 그것은 몇 가지 이유가 있는데 그 중 하나는 신학교에 입학하려면, 세례 받은 지 3년이 지나야 한다는 규정 때문이었다.

　또한 당시 본당 신부님께서 적극적으로 신학교를 권유하지 않으셨다. 그분께서는 내 세례 연한도 짧거니와 성소를 느꼈다고 하여 성급히 신학교 입학을 결정하기보다는 식별의 시간을 갖고 확고한 마음이 생길 때 신학교에 들어가도 늦지 않다고 생각하셨던 것이다.

세례 기간이 3년을 채우지 않았더라도 내가 신학교에 가겠다고 강하게 주장했다면 본당 신부님께서 관면 추천서를 써 주셨을 것이지만, 사제 성소를 느꼈다 하더라도 감정적인 차원에서 의지적인 굳건함에 이르기까지, 곧 진심으로 성소에 응답하고 받아들이기 위한 시간이 필요했다. 이런 연유로 나는 사제 성소에 대한 응답을 유보하고 고등학교 졸업 후 서울에 있는 대학에 진학했다.

대학에 다니고 있을 때, 내가 지향했던 사제 성소가 조금씩 흔들리기 시작했다. 그 당시 시국은 정부와 시민사회 간에 첨예한 대립과 갈등으로 무척 어려운 때였다. 1980년대 초반 쿠데타로 집권한 군부독재의 탄압에 맞서 재야인사들과 대학생들이 대대적인 항거에 나섰다. 또한 소외되고 탄압받는 계층들의 권리를 되찾기 위한 사회 정의를 부르짖는 대학생들의 시위로 당시 대학은 학문의 전당이라기보다는 시대의 아픔이 표출되는 공간이었다. 그리고 그 당시 사회의 갈등들이 의회나 시민사회보다도 대학을 통해 더 많이 표출되었다.

학내에서는 일주일에 한 번꼴로 학생들과 전투경찰 사이에 투석과 화염병, 최루탄 발포로 전쟁을 방불케 하는 치열한 공방전이 펼쳐졌다. 일주일에 한 번꼴로 이런 공방전이 계속되다 보니, 학교 정문부터 학내로 들어가는 100여 미터 가량의 아스팔트 길에는 최루탄 가루가 스며들어 등·하교 시에 눈물 콧물을 흘리지 않고서는 다닐 수 없을 정도였다.

이런 사회 분위기가 사제 성소의 결단을 주저하게 만들었다. 다른 한편 가정을 꾸리고 사회에 기여하면서 의미 있게 사는 것도 괜찮지 않을까 하는 생각도 밀려왔다. 이런 갈등과 번민 때문에 앞날에 대한 결정을 미룬 채 군 입대를 결정했다. 군 생활을 하면서 사제가 되든, 일반인으로 살아가든 확실하게 나의 성소를 식별하여 내 앞길을 정하려고 생각한 것이다.

논산 훈련소에서 군사 기초 훈련을 마치고 인천에 있는 야전 공병대로 자대 배치를 받았다. 신병 시절의 군 생활은 평소 생각하던 것보다 훨씬 힘들었다. 당시 군 생활에서 가장 공포스러웠던 점은 식사 후 식기장에서 벌어지는 일이었다. 얼차려와 구타, 정신적인 학대가 거의 매일 식기장에서 반복되었다. 나보다 나이 어린 동생들이지만 군대에 빨리 입대한 선임병들에게서 인격적인 무시와 육체적인 학대를 당하는 군 생활 초기는 참으로 견디기 힘들었다.

과연 나는 안전하게 군 생활을 마치고 집으로 돌아갈 수 있을까? 하는 회의감과 절망감이 일어났다. 이런 갈등 중에 기적과 같은 은총을 체험하게 되었다. 주님께서 베풀어 주신 뜻밖의 은총과 위로 덕분에 나는 군 생활을 무사히 마칠 수 있었다. 그리고 주님께서 나를 사제 성소의 길로 부르신다는 것을 확신하게 되었다.

훈련소에서 기본 군사 훈련을 마친 후, 자대 배치를 받고 한 달쯤 지난 어느 토요일 오후, 서울에 사시는 큰누님 부부가 첫 면회를 오셨다. 면회소에서 큰누님이 내 손을 잡고 눈물을 뚝뚝 흘리셨다. 불과 몇 달 만의 군 생활로 인해 손바닥에 옹이가 박히고 손가락 마디가 굵어져 있는 동생이 많이 안쓰러웠던 것이다.

큰누님이 정성스레 마련해 온 음식을 나누어 먹고 얼마

간 이야기를 나누다가 매형께서 내가 속한 부대 살림을 담당하는 중대 선임하사를 만나고 오셨다. 그리고 얼마 후에 그 선임하사가 나를 불러 1박 2일 외박을 다녀오라고 외박증을 건넸다. 나는 어리둥절하며 외박증을 건네받았다. 당시 우리 부대는 2주 후에 다가올 전투 검열 준비가 한창이어서 부대 차원에서 일체의 외박과 정기휴가 등이 보류된 상태였다. 더군다나 자대 배치 받고 3개월이 지나지 않은 신병에게는 통상적으로 외박이 허락되지 않았다. 이런 상황에서 외박증을 건네받는다는 것은 상상할 수조차 없는 불가능한 일이었다.

외박증을 받아들고 면회 온 큰누님 부부를 따라 서울 누님 집으로 향했다. 자대에서 탈출하고 싶었는데, 그 소원이 '뜻밖에', '갑자기', '선물처럼' 찾아온 것이다. 이때 나는 이집트에서 탈출한 이스라엘 백성의 기쁨과 해방감이 어떠했는지 실감하였다.

인천에서 한강변을 따라 서울로 오는 길에 콧노래가 절로 흘러나오고, 따스하게 나를 감싸는 봄바람이 감미롭고 향기롭기까지 했다. 그간의 군 생활에서 느낀 긴장과 피로가 한순간에 지나가버렸다. 동시에 이러한 위로는 주님께서 나를 위해 준비해 주시는 파스카 선물이라는 확신이 들었다. 외박을 나간 그날이 신기하게도 성 토요일, 파스카 성야였다. 바로 주님께서 당신 부활의 은총으로 시련 중에 있는 나에게 새 생명의 활기를 부여하신 것이다.

다음날 주님 부활 대축일 새벽미사에 참례하기 위해 인근 성당으로 향했다. 어두컴컴한 새벽길을 갈 때, 주님 부활 새벽에 예수님의 무덤을 향하는 막달라 마리아의 모습이 떠올랐다. 간절한 마음으로 오로지 주님만을 생각하며 차가운 밤공기를 헤치며 나서는 막달라 마리아! 무덤가로 향하는 막달라 마리아의 마음이 나에게 전해졌다. 그때 내 마음도 막달라 마리아처럼 오로지 주님 생각으로 가득 찼다. 그리고 주님께서 나의 전부로서, 주님만을 의지하며 살겠다는 결심이 다시 솟구치면서 주님께서 나를 사제 성소의 길로 부르신다는 확신이 생겼다.

그날 오후 나는 자대 복귀를 위해 인천으로 향하면서도 주님께서 나에게 특별히 베풀어 주신 부활의 은총 덕분에 앞으로 남은 군 생활이 더는 두렵게만 느껴지지 않았으며, 시련을 잘 견뎌 낼 수 있으리라는 희망이 생겨났다. 주님께서 나의 처지를 알고 계시고 나의 어려움에 함께하신다는 믿음이 생겨났기 때문이다.

나의 울타리

10

동생들은
나의 운명

동생들은 나의 운명

우리는 '하느님의 뜻'을 찾으
며 살아가야 한다. 부딪치는 순간순간마다 '하느님의 뜻'
이 무엇인지 찾아서 응답해야 후회 없는 삶을 영위할 수
있을 뿐만 아니라, 목마름이 없는 촉촉함을 지닐 수 있다.
　　그런데 '하느님의 뜻'을 찾는 것은 어떤 직업을 가질 것
인가? 어떤 삶의 양식, 곧 어떤 신분으로 살아갈 것인가?
에도 적용된다. 하느님께서 원하시는 직업이나 신분을 선
택하지 않으면 몸에 맞지 않는 옷을 입은 것처럼 삶이 만
족스럽지 못할 것이다.

따라서 우리가 직업을 선택할 때 돈을 많이 벌 수 있는 직업이나 명예와 권력을 얻을 수 있는 것이 기준이 되어 직업을 선택할 것이 아니라, 하느님께서 자신에게 무엇을 원하시는지를 깊이 식별하여 직업을 선택해야 한다.

신분을 선택할 때도 마찬가지다. 예컨대 내가 성직자나 수도자로 살 것인가? 아니면 결혼하여 세상 안에서 복음을 증거하는 평신도로 살아갈 것인가? 하는 문제에도 감정에 이끌리는 대로 선택해서는 안 되고, 하느님의 영광을 들어 높이는 데 어떤 신분(삶의 방식)이 더 적합한 것인지에 따라 선택해야 한다. 이것을 전문용어로 '성소 식별'이라고 한다. 하지만 몇몇 사람들은 양심과 본능, 그리고 환경적인 요인들이 서로 마찰을 빚어 자신의 성소 식별에서 갈등을 겪는다.

큰형님의 경우가 성소 식별로 갈등을 겪다가 당시 34세의 늦깎이로 결혼을 선택한 경우에 해당한다. 형님은 고등학교 시절에 나처럼 『천국의 열쇠』를 읽고 사제 성소의 꿈을 가지셨다. 그러나 자신이 처한 환경적인 요인으로 갈등을 겪었다. 공무원을 하면서 가정을 이끌어야 하는 형님에게서는 막내인 나를 대학에 입학시키고 나서야, 사제 성소의 길을 걸으려고 생각했지만, 아직 돌봄이 필요한 동생들을 두고 사제의 길을 선택하기에는 마음이 편치 않았으므로 사제의 꿈을 접고 결혼하기로 결심하였다.

그 결심의 이유는 어느 수녀님의 조언이 영향을 미쳤다고 한다. 그 수녀님은 자신의 오빠 두 분이 모두 사제가 되셨는데, 한 분만이라도 결혼을 하셨더라면 더 좋았을 뻔했다면서 자신이 수녀원에서 휴가를 받게 되면, 부모님은 모두 돌아가시고, 오빠 두 분도 모두 사제라서 당신은 편히 머물 수 있는 곳이 마땅치 않아서 집을 잃어버린 느낌이 든다고 하셨다는 것이다.

수녀님의 이러한 말씀을 듣고 형님은 사제의 꿈을 접고 결혼으로 마음이 기울어졌다고 하셨다. 아마도 당신 동생들을 집 잃은 상태로 내버려 둘 수 없다는 사랑의 본능에서였을 것이다. 그 후 형님은 결혼 결심을 굳히면서 배필을 찾게 되셨다. 형님은 자신에게 맞는 배필을 찾게 해 달라고 하느님께 청원하셨는데, 무엇보다도 마음씨 착하고 자신에게 가장 잘 어울리는 사람이면서 당신 동생들과도 잘 화합할 수 있는 사람이 나타나게 해달라고 기도하셨다고 한다.

구약 성경의 창세기에는 아브라함이 늙고 나이가 들었을 때, 당신 아들 이사악의 배필을 구하는 이야기가 나온다(창세 24장). 아브라함은 집안의 가장 나이 많은 종에게 가나안 땅으로 가서 이사악의 배필을 구해 오라고 명령하였다. 그 종은 아브라함의 명에 따라 이사악의 배필을 구하러 떠나면서 이사악의 배필이 될 사람의 기준을 말씀드리며 하느님께 이렇게 기도하였다.

"제 주인 아브라함의 하느님이신 주님, 오늘 일이 잘 되게 해 주십시오. 제 주인 아브라함에게 자애를 베풀어 주십시오. 이제 제가 샘물 곁에 가 서 있으면, 성읍 주님의 딸들이 물을 길으러 나올 것입니다. 제가 '그대의 물동이를 기울여서, 내가 물을 마시게 해 주오.' 하고 청할 때, '드십시오. 낙타들에게도 제가 물을 먹이겠습니다.' 하고 대답하는 바로 그 소녀가, 당신께서 당신의 종 이사악을 위하여 정하신 여자이게 해 주십시오. 그것으로 당신께서 제 주인에게 자애를 베푸신 줄 알겠습니다."(창세 24,12-14)

아브라함의 종이 제시한 이사악에게 배필이 될 사람의 기준은 타인에게 연민과 자비를 베풀 수 있는 사람이 하느님께서 맺어주신 이사악의 짝으로 여기겠다는 것이다. 이렇게 아브라함의 종이 하느님께 기도하여 이사악의 배필을 구했다는 모범적인 사례가 모든 세대에 걸쳐 결혼할 사람들이 참고해야 할 중요한 지침이라 생각한다. 결혼하고 싶어 하는 사람들은 자기 생각대로 배필을 구하지 말고, 하느님께 청하여 배필을 구해야 천생연분을 만날 수 있다.

큰형님이 하느님께 기도하여 배필을 얻게 해달라고 청원한 것은 성경의 가르침을 제대로 실천한 것이다. 단 당신에게 알맞은 배필이 동생들과 잘 화합하는 사람이면 좋겠다는 기준을 가지셨다는 점이 동생인 내 마음을 저미게 한다. 형님의 기도 지향이 선하고 바람직하지만, 형님의 마음속에는 늘 동생들이 떠나지 않았다. 그야말로 요즘 딸 바보 아빠가 있듯이 형님은 동생 바보 형이었다. 그분에게는 당신 동생들을 잘 돌보는 것이 당신의 사명, 아니더 나아가 당신의 운명으로 여기셨다.

형님은 내가 대학교 3학년 때 늦은 나이로 결혼하셨다. 형님은 당신 기도의 바람대로 동생들과 잘 화합하는 배필을 맞이하셨다. 그리고 하느님께서 맺어주신 배필과 올해로 결혼생활이 벌써 36년이 지났고 3년 전에는 손녀까지 얻으셨다.

형수님은 처음 우리 집안에 시집오셨을 때 형님에게 적응하기 힘들었다고 한다. 다른 집안들과는 달리 형님은 유난히 동생들을 염려하고 돌보는 모습이 낯설게 느껴졌다는 것이다. 하지만 형수님도 형님의 진실함과 동생들에 대한 숭고한 사랑을 이해하시고는 시동생인 우리 형제들과 잘 화합하신다. 형님과 천생연분으로 만나신 형수님에게 고마울 뿐이다.

11

진세를 버렸어라!

♈ 진세를 버렸어라!

군 생활 초기부터 겪게 된 시련 속에서 나는 하느님의 손길과 위로하심 덕분에 나머지 군 생활에 잘 적응하면서 무사히 전역할 수 있었다. 그리고 사제 성소로 결심을 굳힌 상태에서 군 생활이 조금은 여유롭게 된 병장시절부터는 신학교에 입학하기 위한 마음 정리와 구체적인 준비를 시작하였다.

우선 나를 돌봐 주시는 큰형님에게 허락을 받는 일이 중요했기에 휴가 때 나와서 제일 먼저 형님께 군 제대 후에 신학교에 들어가겠다는 의향을 피력했다. 형님은 내 말을 듣기만 하실 뿐 가타부타 아무 말도 하지 않고 침묵만 지키셨다. 호응이나 반대를 하지 않고 침묵을 지킨 의미는 내 뜻을 존중하지만 부모님의 심정으로 우려를 표명하신 것이다. 당신도 신학교에 가고 싶어했지만, 막상 동생이 그 길을 걷겠다고 하니 걱정이 되신 것이다.

사제나 수도 성소 지망자의 부모님들은 당신들의 자녀가 하느님의 부르심에 따르겠다고 할 때 걱정이 많으셔서 종종 심하게 반대하는 경우도 있다. 자녀를 하느님께 봉헌하는 것이 이성적으로는 이해되지만, 감정이 쉽게 정리되지 않으시는 모양이다.

나는 형님의 답변을 채근하지 않고 군대에 복귀했다. 대신 성소를 결심하기까지 내 마음을 편지에 담아 표현하는 것이 좋겠다는 생각에서 일주일에 걸쳐 장문의 편지를 형님에게 보냈다. 내 편지를 받아 보신 후 형님은 동생의 뜻이 굳건하다는 것을 확인하시고는 당신도 앞으로 동생 때문에 겪게 될 일들을 함께 감당해 나가겠다는 마음을 정하셨는지 자연스럽게 내 결단을 지지해 주셨다.

고향에서 서울로 유학 온 나에게 또 다른 고민 중의 하나는 교구 선택에 관한 것이었다. 신학교에 들어갈 때는 특정 교구 소속으로 추천을 받아야 하는데, 고향집이 있는 교구에서 추천을 받아야 하는지, 아니면 대학에 다니기 위해 머물러 있는 서울에서 추천을 받아야 하는지 망설여졌으므로 그 동안 사제 성소를 지도해 주신 신부님께 상의를 드리니 네가 원하는 대로 선택하라고 말씀하셨다.

그래서 두 가지 선택 사항을 두고 깊이 숙고해 보았을 때, 큰누님이 살고 계신 서울을 선택하는 쪽으로 마음이 더 기울어졌다. 이렇게 교구 선택에 대한 마음이 정해지자 큰누님이 다니는 본당에 가서 주임 신부님을 찾아뵙고 상의를 드리는 것이 급선무라 생각되었다.

군 마지막 휴가 때 군복을 입고 본당 신부님을 찾아뵙고 말씀드리니, 본당 신부님께서는 군 제대 후에 차차 생각해 보자고 하셨다. 제대 후 복학하여 주임 신부님의 지시에 따라 청년 활동을 하고, 예비 신학생 모임에도 참석하였다. 6개월 정도가 지나 마지막 졸업 학기를 마치자 본당 신부님께서 나를 받아주시고 신학교 추천서를 써 주셨다. 곧이어 신학교 입학시험을 보고 합격 통지서를 받아 신학교에 입학할 수 있었다.

사제 성소로 부르심 받는 것은 단계적인 응답을 통해 완성되어 가는 여정이라 생각한다. 사제 성소를 결심하기까지의 과정이 첫 번째 관문이라면, 신학교의 양성과정이 사제 성소 여정의 두 번째 관문이라 생각한다. 나는 첫 번째 관문을 지나서 신학교 입학으로 두 번째 관문에 들어선 것이다. 신학교에서는 다른 학교와는 달리 교가를 자주 부른다.

"진세를 버렸어라, 이 몸마저 버렸어라, 깨끗이 이 청춘을 부르심에 바쳤어라.…"

신학교 교가 첫 소절을 부를 때마다 비장한 마음이 들기도 한다. 이 가사는 부르심에 응답하는 길의 핵심을 잘 드러내주고 있을 뿐 아니라, 흐트러진 마음을 곧추세워 주곤 한다. 진세를 버리는 것, 바로 버리고 떠나는 것이다.

구약성경의 아브라함도 고향 땅을 떠나 하느님께서 명하신 가나안 땅으로 갔다. 또한 예수님의 제자들도 부르심에 응답하기 위해서 자기 그물을 버리고 예수님을 따라나섰다. 이렇게 부르심에 응답하는 것은 자신이 살던 익

숙한 세계, 관습적인 세계를 떠나 예수 그리스도가 선포한 복음의 세계를 향해 가는 것이다. 이러한 세계로 나아가기 위해서는 버림과 떠남이 전제되어야 하지만 결코 쉬운 일이 아니다.

작고하신 김수환 추기경님께서 세상에서 가장 먼 거리는 머리에서 가슴 사이라고 하신 말씀이 떠오른다. 버리고 떠나는 것을 머리로만이 아니라 가슴으로까지 받아들이기 위해서는 자신의 노력도 필요하지만 하느님의 자비와 사랑 체험이 필요하다. 마치 어린아이에게 그가 움켜쥔 사탕을 내어 놓게 하려면, 사탕보다 더 좋은 것을 보여줄 때 아이가 사탕을 자연스럽게 내어 놓을 수 있듯이 말이다. 우리가 애착하고 있는 것보다 더 좋은 하느님의 자비와 사랑 체험이 성소의 출발점이자 관습적인 생활에서 영성생활로 나아가게 하는 원동력이다.

신학교 기간은 자기 세계를 벗어나 예수님이 제시한 새로운 가치관의 세계를 영접하고, 머리로 이해한 바를 가슴으로 내재화하는 시간이다. 나 역시 신학교 기간 동안 다른 신학생들과 함께 기숙하면서 철학과 신학을 공부하고, 기도와 성사생활을 통해, 그리고 영적 지도와 생활지도를 받으며 조금씩 성장의 걸음을 걸었다. 그리고 매일 정해진 시간표에 따라 살면서 공동 규칙을 지키고 공동생활 속에서 동료들과 형제애를 나누고 애덕을 실천하지만, 성숙의 과정이 계속 앞으로만 나아가지는 않았다.

강의를 듣고 기도를 하는 가운데 품성이 높아지는 듯하다가도 어느 한순간 내면에서 치솟는 원인 모를 감정들에 시달리고, 이것이 잘못된 판단과 적절치 못한 행동으로 이어지면서 자라나던 덕들이 일시에 사라지고 다시 밑바닥으로 추락하는 체험을 반복하기도 하였다. 이런 과정이 반복되면서 자신에 대한 실망감에 빠져 허우적거리다가 성소를 포기하는 경우도 있다.

하지만 상승과 하강 체험을 반복하면서 사제로 양성되어 가는 것 같다. 대부분 자신의 부족과 한계를 느낄 때 오히려 자신이 누구인지 더 잘 깨닫게 되고, 자기의 지식이나 능력보다 하느님께 더 의지하려는 신앙의 태도가 콩나물 자라듯이 싹터 가는데, 나도 이러한 과정을 거쳐 사제가 되었다.

나의 울타리

12

서품 받던 날

🌱 서품 받던 날

일반적으로 서품을 받기 전에
사제는 비추임 받은 성경구절을 서품 성구로 정하여 평
생 자기 삶의 지침으로 삼는다. 나는 요한 복음 15장 9
절 "너희는 언제나 내 사랑 안에 머물러라"를 서품 성구
로 삼았다.

　이 구절을 정하게 된 동기는 부제품을 앞두고 30일 이냐
시오 영신수련 피정을 받을 때 내 맘에 깊이 와 닿았기 때
문이다. 이냐시오 영신수련을 하던 중에 처음 일주일 동
안은 악한 영이 일으키는 내적 동요, 곧 잡다한 생각들, 격

정, 두려움 등으로 많이 힘들었다. 그런데 요한 복음 1장에 나오는 첫 제자를 부르시는 장면에서 내적 동요가 사라지고 큰 위로를 느꼈다. 예수님은 당신을 찾아온 요한의 제자들에게 어떤 가르침이나 지침을 주시지 않고 단순하게 "와서 보라"고 말씀하셨다. 이 말씀에 따라 그들은 예수님과 함께 머물렀다.

이 묵상을 통해 예수님께서 사제로서 살고자 하는 나에게 바라시는 바가 여럿 있겠지만 그 중 가장 중요하고 핵심적인 것이 바로 "당신의 사랑 안에 머무름"이라고 생각했다. 나는 이 서품 성구 덕분에 사제로 살면서 마음이 부산하고 소란스러울 때마다 주님 사랑 안에 머물고자 노력하고 있다.

1996년 7월 5일 한국 교회의 수호성인 김대건 신부님 축일 날, 나는 개포동 성당에서 서품을 받았다. 당시 서품식은 주로 잠실체육관에서 거행되곤 했는데, 서품식은 성당에서 거행하는 것이 더 낫다는 의견이 반영되어 서울시내 4개 성당으로 분산되어 서품미사가 거행되었다.

전날까지 비가 많이 와 걱정을 했는데, 서품식 당일에

는 언제 비가 왔냐는 듯이 한여름임에도 마치 높고 푸른 가을 하늘처럼 맑았다. 아마도 성 김대건 신부님의 축일이라 하느님께서 예외적인 날씨를 허락하신 것 같다. 하느님, 그리고 성 김대건 신부님께 감사의 마음이 절로 우러났다.

오후 2시에 서품식 미사가 시작되어 주교님과 함께 지망자인 우리는 촛불을 들고 주님의 제단으로 나아갔다. 서품 대상자가 한 사람씩 호명될 때마다 "예, 여기 있습니다"라는 응답과 함께 주님의 제단 앞으로 나아갔다. 세례성사와 견진성사 때 나는 하느님의 자녀로서 복음을 선포하도록 예수님의 보편사제직에 부르심을 받았으나, 이제 성품성사를 받음으로써 예수님의 직무사제직으로 부르심 받게 된 것이다.

7년 동안 신학교에서 사제로 양성되는 교육을 받았다고 해도, 사제직 수행에 합당한 덕성을 충분히 갖추지는 못했다. 다만 여러 면에서 부족함에도 불구하고, 주님께서 나를 쓰시겠다고 하시니 그저 송구스럽지만 감사한 마음으로 직무사제직의 부르심에 응답하였다.

이어서 서품 대상자들인 우리가 바닥에 엎드려 있을 때 성가대에서 하늘의 천사들과 성인들을 부르며 바치는 성인 호칭기도가 울려 퍼졌다. 이때 주님께서 부족한 나를 내치지 않으시고 사제로 받아주셨을 뿐만 아니라 천사들과 성인들이 나를 위해 기도한다고 생각하니 눈물이 핑 돌고 가슴이 먹먹해졌다. 성인 호칭기도가 이어지는 동안 나는 예수님처럼 겸손한 봉사를 해야겠다는 다짐을 했다.

굳게 다짐을 했지만 사제로 살면서 제대로 실천하지 못하고 있는 것 중의 하나는 서품식 때 다짐한 겸손한 봉사일 것이다. 모든 것이 하느님의 것이고, 나의 것은 아무것도 없다는 사실을 온전히 받아들이지 못하고, 내 것으로 착각하여 집착하는 마음이 생긴다. 또한 나의 열등감과 무력감을 온전히 수용하지 못하다 보니 그 마음이 투사되어 다른 사람보다 더 우월해지고 싶고, 자신을 더 드러내려는 쪽으로 마음이 움직이곤 한다. 인간의 연약한 본성 탓을 해보지만, 겸손한 봉사를 위해서는 더 많은 은총을 받아야 할 것 같다.

서품식은 사제단의 안수와 신학교 들어갈 때 추천서를

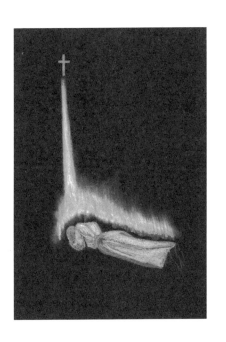

써 주신 신부님들이 서품자에게 제의를 입혀 줌으로써 마무리되었다. 서품식이 끝나고 이어서 새 사제들이 제단 앞으로 나와 주교님과 선배 사제들과 함께 성찬례를 공동으로 집전하였다. 성찬례 집전은 사제로서 수행해야 하는 핵심적인 일이기도 하지만, 사제단과 함께하는 공동 집전은 교회의 생명력을 드러내는 것이기도 하다. 교회 공동체는 새로 서품된 사제들로 인해 멈추지 않고 계속 이어져 오고 있다.

서품 미사가 끝나고 성당 밖으로 나왔을 때 본당 청년들이 나를 무동 태우고 데려간 장소는 첫 강복을 받기 위해 본당 신자들이 기다리고 있는 인근 공원이었다. 나는 긴 줄을 따라 무릎을 꿇고 기다리시는 신자들 한 분 한 분에게 다가가 하느님께서 전하시는 새 사제 강복을 전해 주었다. 예수님께서 말씀하셨다. "수확할 것은 많은데 일꾼은 적다. 그러니 수확할 밭의 주인님께 일꾼들을 보내 주십사고 청하여라."(마태 9,37-38) 첫 강복의 순간부터 나는 하느님의 포도밭 일꾼으로 새로운 직무를 시작하게 된 것이다.

서품 후 맞게 되는 첫 번째 주일 날, 새 사제로서 출신 본당 신자들과 첫 미사를 집전하였다. 한 사람이 사제로 서품되기까지 공부와 노력이 기본적으로 중요하지만 신학교의 양성, 가족들과 은인들의 기도, 본당 신부님을 비롯한 본당 공동체의 후원과 기도가 함께 어우러져 한 사람의 사제가 탄생한다. 따라서 첫 미사는 사제가 탄생하기까지 후원과 기도를 아끼지 않으신 분들에 대한 감사 미사이며, 사제를 탄생시킨 본당 공동체의 기쁨의 미사이기도 하다.

큰형님 부부는 부모님 자격으로 성당 맨 앞좌석에서 첫 미사에 참례하였다. 미사 중에 앞좌석에 앉은 형님은 연신 눈물을 흘리며, 손수건으로 눈물을 닦아내셨다. 형님은 어머니가 돌아가실 때, 막내동생을 잘 돌보라는 어머니의 유언의 말씀을 늘 간직하고 사셨다. 어느 한순간 흐트러짐 없이 지극정성으로 돌보던 동생이 마침내 사제가 되었으니, 나의 첫 미사는 아마도 형님에게 만감이 교차되는 순간이었을 것이다.

평소 나는 형님이 눈물 흘리는 모습을 보지 못했다. 어머니가 돌아가실 때도 형님은 동생들 앞에서 눈물을 보이지 않았다. 형님은 울고 싶어도 울음마저 억누르며 살아왔던 것이다. 그런데 당신의 인생에서 부모님이 맡기신 사명을 이루게 된 순간, 그 동안 형님의 고인 눈물샘이 열린 것이다. 아마도 하늘에 계신 부모님께서 형님에게 이렇게 말씀하셨을 것이다.

"아들아! 참 장하구나! 네 동생을 위해 참 좋은 일을 이루었구나!"

13

나는 동생을
지키는 사람이다

🌱나는 동생을 지키는 사람이다

작년 10월 3일 프란치스코 교황께서는「모든 형제들(Fratelli Tutti)」회칙을 반포하셨다. 회칙의 제목에서 알 수 있듯이 교황께서는 인간이 하느님의 모상에 따라 존엄성을 지니도록 창조되었을 뿐 아니라, 형제자매로 살아가도록 불리움 받았다는 점을 강조하신다.

예컨대 함께 형제자매로 살아가는 것, 곧 형제애와 사회적 유대 속에서 살아가는 것은 바로 우리가 수행해야 할 사명인 것이다. 그러나 오늘날 우리가 형제자매로 불리움 받은 대로 살지 못함을 교황님은 지적하신다. 과학 기술과 인터넷의 발달로 전 세계가 하나의 세계로 연결되고 서로 이웃하여 살아가고는 있지만 서로에게 소속감을 주는 형제적인 사랑을 실천하고 있지 못한다는 것이다. "개인의 이익만 북돋을 뿐 삶의 공동체 차원은 약화시키는 이 대량화된 세계에서"(12항) 우리는 점점 고독해지고 고립되어 가고 있다.

코로나 바이러스의 팬데믹 상황은 서로에 대한 소속감이나 유대감 없이 살아 가는 우리의 현주소를 여실히 드러내주고 있다. 바이러스가 전 세계로 확산되는 데도 국가들 간의 공동협력에는 별 관심을 두지 않고 편협한 국수주의로 회귀하는 상황이다. 우리들 또한 각자의 안위에는 지나치게 신경쓰면서도 코로나로 도움이 필요한 사람들에게 손길을 내밀기보다는 국가가 해결해 줄 것으로 치부하며 방관자로 살아가고 있다.

형제들에 대한 무관심은 창세기에 등장하는 카인의 모습이기도 하다. 창세기 4장을 읽노라면 이해할 수 없는 카인의 행동이 나온다. 하느님께서 자기 제물은 기꺼워하지 않으시고 아벨의 제물만 받아주셨다 하여 동생 아벨을 죽인다. 그것이 동생을 죽일 만한 사유가 되는가? 카인도 아벨처럼 하느님께서 자기 제물을 받아주시도록 정성을 다해 그분께 제물을 드리면 그만이지 않는가!

우리는 이러한 어처구니없는 형제 살인의 이유를 어디에서 찾아야 할까? 바로 원조 아담과 하와가 지은 원죄의 결과가 아닐까? 교회가 가르치듯이 우리는 원죄의 영향 아래서 살아가고 있다. 인간은 원죄의 영향으로 무엇을 해야 하고, 무엇을 하지 말아야 하는지 바르게 판단할 수 있는 식별력과 사랑의 능력이 심하게 약화되었다.

이러한 원죄의 영향으로 오늘날에도 카인이 범했던 살인이 실제로 벌어지고 있다. 설사 살인까지 치닫지는 않더라도 우리는 '미움'에 사로잡혀서 도움이 필요한 형제들에게 카인처럼 무관심한 반응을 보인다. "제가 아우를 지키는 사람입니까?"(창세 4,9)

큰형님은 나에게 루카 복음 10장에 나오는 "착한 사마리아인"이 되어주셨다. 강도를 만나 두들겨 맞고 다친 채 길가에 쓰러진 사람 곁을 지나면서도 지나쳐 버릴 뿐, 멈추어 서지 않던 사람들과는 달리 내 삶에 멈추어 서서 나의 필요를 채워주고 나를 돌보아 주셨다. 형님에게도 분명 자신의 필요를 충족시키거나 자신이 하고 싶은 삶의 계획이 있었을 터인데, 동생들 앞에서 형님은 자신의 것을 모두 내려 놓으셨다. 동생들을 위해서 자신의 삶을 내어 놓는 것이 가치 있는 일임을 확신하고 "나는 아우를 돌보는 사람이다." 하는 마음으로 동생들 돌봄을 자신의 사명으로 받아들인 것이다.

그러나 형님은 자신의 처지를 수동적으로 받아들이거나 상황의 요구에 따라 어쩔 수 없는 의무감에 사로잡혀 행동하지 않고 기꺼운 마음으로 동생들을 돌보셨다. 그렇다고 동생들에게 어떤 인정이나 감사를 바라지도 않으셨다. 그 덕에 나는 어린 시절과 청소년기를 잘 보낼 수 있었고, 하느님의 부르심에 응답하여 사제가 될 수 있었다.

큰형님의 형제애는 단순히 같은 부모에게서 혈육을 나눈 형제로서 갖게 되는 일반적인 형제애 그 이상이다. 인간의 존엄성과 가치를 깨닫고 그 존엄성을 존중하고 지키고자 하는 하느님의 부르심에 응답하려는 '형제애'다. 내

인생의 여정에 "착한 사마리아인"이 되어 주신 형님을 예비해 주신 하느님 아버지께 찬미와 깊은 감사를 드릴 뿐이다.

프란치스코 교황님께서는 「모든 형제들」 회칙에서 2장 전체를 할애하여 "착한 사마리아인" 비유를 언급하신다. 그리고 그 비유에 등장하는 인물 중에 어떤 인물과 자신을 동일시하고 있는지 우리에게 질문하신다.

"여러분은 누구와 동일시하십니까? 이 질문은 어려운 것이지만 직접적이고 결정적입니다. 그들 가운데 누구와 닮았습니까? 우리는 다른 이들, 특히 약자에 대한 무관심의 장벽을 치려는 유혹을 인식해야 합니다. 솔직히 말하면, 우리는 많은 면에서 성장을 이루었지만, 발전된 우리 사회 안의 가장 힘없고 약한 이들을 동반하고 돌보며 지원하는 데에는 여전히 까막눈입니다. 그러한 약자들의 상황이 우리에게 직접 영향을 미치지 않는 한 우리는 눈길을 돌리고 옆을 스쳐 지나가며 그 상황을 무시하는 데에 익숙해져 있습니다."(64항)

교황님께서는 우리가 무관심의 장벽을 치려는 유혹에

서 벗어나 약자들을 돌보고 수호하려는 "착한 사마리아인"과 동일시할 때 우리에게 고통을 주는 이 세상을 새롭게 건설할 수 있을 뿐만 아니라 이 세상에서 겪고 있는 수많은 고통과 상처를 치유할 수 있다고 말씀하신다.

나에게 "착한 사마리아인"이 되어 주신 형님 덕분에 나도 이 사회의 돌봄이 필요한 사람들에게 다가서는 "착한 사마리아인"이 되기로 새롭게 다짐한다.

나의 울타리

14 기뻐하고
행복하여라

기뻐하고 행복하여라

사람은 언제 기쁘고 행복할까? 우선 자신이 원하던 것을 성취하였을 때 기쁨과 행복을 느낀다. 원하던 대학에 입학하거나, 원하던 집을 마련하거나, 간절히 원하던 승진을 하거나 등등… 그러나 이런 욕구 충족이나 원하는 것의 성취로 얻어지는 기쁨이나 행복은 풀잎에 맺힌 이슬처럼 이내 사라진다.

따라서 예수님께서는 쉽사리 사라지지 않는 기쁨과 행복을 제시하셨다. 바로 마태오 복음 5장에 나오는 진복팔단이다. 마음이 가난한 사람, 슬퍼하는 사람, 온유한 사람,

자비를 베푸는 사람, 의로움에 목마른 사람, 마음이 깨끗한 사람, 평화를 이루는 사람, 예수님 때문에 박해를 당하는 사람이 행복하다고 예수님은 선포하신다. 이것은 세상적인 차원에서 기쁨과 행복을 찾는 사람들에게는 이해하기 어렵겠지만, 하느님께 믿음을 두고 있는 사람들에게는 어렵지 않게 이해되리라 생각한다. 예컨대 예수님께서 말씀하시는, 그야말로 쉽게 사라지지 않고 목마르지 않는 진짜 행복을 누리는 사람은 어떤 어려움 속에서도 하느님의 뜻을 찾고 실천하는 사람들이다.

그러면 하느님께서는 언제 가장 기쁘고 행복하실까? 그것에 대한 해답은 루카 복음 15장을 통해 제시해 주신다. 바로 잃어버린 것을 되찾을 때이다. 따라서 루카 복음 15장에는 세 가지 잃어버린 것을 되찾는 비유가 나온다. 곧 기쁨의 주인공들은 양 백 마리 중 잃어버린 한 마리 양을 되찾고 기뻐하는 목자, 은전 열 닢을 가졌다가 그 중 은전 한 닢을 잃은 후 그것을 되찾는 부인, 그리고 속을 썩이며 방탕한 생활을 하다가 돌아온 아들을 껴안는 아버지이다.

나 역시 어린 시절의 경험을 돌아보면 잃어버린 것을 찾앉을 때 참으로 가장 기쁘고 행복했다. 내 인생에서 여러 기쁨의 순간들이 많았지만 가장 기쁘고 행복했던 때를 한 가지만 꼽으라고 한다면, 초등학교 5학년 때 키우던 개 한 마리가 거의 죽을 뻔하다가 되살아났을 때이다. 그때가 가장 기쁘고 행복했다.

막내인 나는 형님과 누님들의 사랑을 많이 받았지만, 다른 한편 동생이 없어 아쉬웠다. 초등학생 시절부터 동생이 있다면 잘 돌봐줄 수 있을 텐데 하는 마음으로 이웃집 아이들을 자주 업어주곤 했다. 그리고 개를 키우면서 동생 삼아 애지중지 여기며 밥을 주고 함께 산책하면서 돌보았다.

하지만 여러 가지 이유로 키우던 개들이 번번이 죽고 말았다. 이런 일이 빈번해지자 어머니께서 더는 개를 사주지 않으셨다. 개가 없어 우울해하고 있을 때, 이웃집 아주머니께서 당신 집에서 키우던 개가 새끼를 낳았으니 강아지 한 마리를 선물로 분양해 주시겠다고 약속했다. 나는 뛸 듯이 기뻐하며 개를 분양받는 날만 기다렸다. 강아지가 우리 집에 오던 날, 나는 강아지를 품에 꼭 껴안고 "내가 너를 어떻게든 어미 개로 잘 키워 행복하게 해 주겠노라."고 약속했다.

그 강아지를 애지중지 키운 지 3개월쯤 되던 어느 날, 밖에서 친구들과 놀다가 집에 돌아와 보니, 키우던 그 개가 거품을 물고 쓰러져 죽기 일보 직전이었다. 당시 쥐를 잡으려고 집안 구석구석에 쥐약을 놓았는데, 필시 조심성 없이 촐랑거리던 개가 그것을 얼마간 먹은 듯했다. 그 광경을 본 나는 깜짝 놀라 개를 품에 안고 시장에 있는 가축병원으로 내달렸다. 그리고 조급하게 개 좀 살려달라고 수의사에게 애원했다. 개를 지켜본 수의사는 "살지 못할 것 같다"고 말하면서 혹시 모르니 위세척이나 한번 해주겠다고 했다. 위세척을 하고 났을 때 개는 더 축 늘어져 있었다.

축 처진 개를 안고 집으로 오는 길에 간절한 마음으로 하느님께 매달렸다. 하지만 성당에도 제대로 나가지 않는 내 기도를 하느님께서 들어주시지 않을 거라 여기며, 그 개가 죽으면 묻어 줄 양지 바른 장소를 떠올리며 집으로 왔다. "혹시 모르니, 개를 따뜻한 곳에 눕혀놓으라."는

수의사의 권고에 따라 부엌 아궁이가 있는 부뚜막에 개를 눕혀 놓았다.

그리고 잠을 잤는데 다음날 새벽, 저절로 잠에서 일찍 깨어나자마자 개의 상태가 궁금하여 부엌으로 내달렸다. 당연히 99퍼센트는 죽었을 거라고 생각했지만 혹시나 하는 일말의 희망으로 부엌문을 열고 개가 누워 있는 부뚜막을 쳐다보았다. 이때 나는 기적을 체험했다. 죽었을 거라고 생각했던 개가 인기척을 듣고 부뚜막에서 일어나 나를 쳐다보는 것이었다. 그 개를 보는 순간 내 안에서 기쁨이 용솟음쳤다. 나는 달려가 그 개를 꼭 껴안고 분수처럼 용솟음치는 기쁨으로 눈물을 흘렸다.

그 후 개는 나를 힘들게 하는 일이 없이 새끼도 잘 낳고, 초중고 시절 내가 밖에 나갔다 돌아올 때마다 어쩔 줄 몰라 하며 반겨주는 나의 동생이 되어 주었다.

이러한 어린 시절의 체험으로 미루어 볼 때 루카 복음 15장의 세 가지 비유가 어렵지 않게 다가온다. 예수님께서 이 비유를 통해 의도하시는 바는 아버지 하느님께서 잃어버린 것들을 되찾으실 때, 곧 죄인들이 회개할 때 더 기뻐하시듯이, 당신 역시 하느님께서 가장 기뻐하시는 그 일을 하러 오셨음을 말씀하시는 것이다.

그러나 강함과 성과주의, 능력주의, 공리주의를 숭배하는 곳에서는 루카 복음 15장의 비유 말씀들이 잘 이해되지 않을 것이다. 양 아흔아홉 마리를 두고 한 마리 양을 찾아 나서는 목자의 행동이 얼마나 무모하겠는가! 그리고 아버지의 재산을 챙겨 탕진했을 뿐만 아니라 방탕한 생활로 일관한 동생을 용인한데다 잔치까지 베푸시는 아버지를 어떻게 이해할 수 있을까? 어쩌면 아버지의 모습을 보고 분통을 터트린 큰아들의 태도가 당연하다고 하지 않겠는가! 우리도 얼마나 자주, 큰아들의 시선으로 하느님을 바라보며 하느님께 화를 내고 있는지 성찰해 볼 일이다.

하지만 하느님께서는 비이성적인 분이 아니고 초이성적인 분이시다. 곧, 논리와 이성의 눈으로만 세상을 보시지 않고, 이성을 초월하여 세상을 보신다. 탕자의 비유에서 큰아들은 아버지 곁에 머물면서 아버지의 명을 한 번도 어기지 않았건만 자신에게는 친구와 즐기라고 염소 한 마리 주시지 않았음에 화가 치밀었다. 큰아들의 마음을 헤아리고 있는 아버지는 그를 옹졸한 아들이라고 내치지 않으시고 다가가서 달래 주신다.

"애야! 너는 늘 나와 함께 있고 내 것이 다 네 것이다. 너의 저 아우는 죽었다가 다시 살아났고 내가 잃었다가 되찾았다."(루카 15, 31-32)

비유에 나오는 아버지는 이성적으로 차분하게 큰아들을 설득할 뿐만 아니라 연민과 자비의 눈길로 자신의 정체성을 잃어버리고 고통당하는 존재들에게 다가서는 초이성적인 자비가 필요함을 말씀하신다. 나에게도 어린 시절 잃을 뻔한 강아지를 되찾았던 그 체험이 이성적이고 논리적으로만 사물을 보지 않고 초이성적인 눈으로 세상을 볼 수 있도록 이끌어 준 측면이 있다.

앞으로 하느님께서 더 기뻐하시는 일, 예컨대 자기 정체성을 잃고 살아가는 사람들을 도와주면서, 하느님께서 느끼신 그 기쁨과 행복을 누리는 삶을 살고 싶다. 왜냐하면 기뻐하면서 행복하게 살아가는 것이 하느님께서 우리에게 바라시는 것이기 때문이다.

나의 형님도 동생들이 기뻐하며 행복하게 살아가는 것

을 당신의 사명으로 삼아, 나에게 행복의 길을 열어주셨
기에 더욱 기쁘고 행복하게 사시리라!

나의 울타리

15

사람은
무엇으로
사는가?

🌱 사람은 무엇으로 사는가?

「사람은 무엇으로 사는가」라
는 톨스토이 단편소설이 있다. 이 소설은 천사가 등장하는
동화 같은 내용으로, 평소 잊고 지내기 쉬운 '하느님의 보
살피심'에 대한 성찰로 우리를 이끈다.

　구두장이 세몬은 아내 마트료나와 자식과 함께 평범한
삶을 살고 있다. 어느 날 외상값을 받으러 나갔다가 그가
원하는 만큼 외상값을 수금하지 못하여 속상한 마음에 가
지고 있는 돈으로 보드카를 마신다. 술에 취해서 집으로
돌아오는데, 교회 모퉁이 담벼락에 쓰러져 있는 벌거벗

은 남자를 만난다. 그는 그 남자를 불쌍히 여겨 자기 외투를 벗어 그 남자에게 입히고, 부축하여 집으로 데려온다.

그 남자는 원래 하느님을 모시던 천사 미카엘이었는데, 하느님의 지시를 어겨 지상에 있게 되었다. 그 이유는 쌍둥이를 출산하고 있는 산모의 영혼을 데려오라는 명을 받았지만 그 명을 따르지 않았다. 만약 엄마를 데려온다면 갓 태어난 쌍둥이는 어떻게 될 것인지 너무나 안타까워서 하느님의 명을 실행하지 않은 것이다. 이때, 하느님께서는 천사 미카엘에게 다음의 세 가지 물음에 대한 답을 찾기 전까지는 하늘로 돌아올 수 없다고 하면서 천사를 지상으로 내려보냈다. 그 세 가지 물음은 "사람의 마음에는 무엇이 있는가? 사람에게 주어지지 않는 것은 무엇인가? 사람은 무엇으로 사는가?"이다

지상에 내려온 천사는 구두장이 세몬의 조수가 되어 지상에서 살게 되는데, 어려운 형편에도 불구하고 알몸인 자기를 먹여주고 재워주는 세몬과 그의 아내 마트료나를 보면서 하느님의 첫 번째 물음인 사람의 마음에는 무엇이 있는가?에 대한 답을 찾는다. 곧 사람의 마음속에는 사랑

이 있다는 사실을.

바오로 사도께서 갈라티아서에서 언급하신 것처럼 우리 안에는 동정심과 연민의 마음뿐만 아니라 이기심, 적개심, 분쟁, 시기, 격분, 질투 등도 함께 공존한다. 그럼에도 불구하고 우리 내면 깊은 곳에는 타락하지도 상처받지도 않는 순수한 영혼, 곧 하느님의 모상이 탑재되어 있다. 우리는 악의 유혹에 빠지거나 죄를 짓기도 하지만 하느님과 맞닿아 있는 신비적이고 초월적인 영역이 있기에 상처받은 영혼이 치유되고 심리적으로 건강도 되찾을 수 있다. 따라서 우리 영혼 한가운데 우리와 함께 머물고 계신 하느님의 현존 덕분에 우리는 절망 상태에서도 무너지지 않고 그 어떤 상황에서도 희망을 품을 수 있다.

하느님의 두 번째 질문인 사람에게는 무엇이 주어지지 않는가?에 대한 질문에 대해 미카엘 천사는 장화를 제작해달라고 찾아온 어느 귀족을 만날 때 그 답을 찾게 되었다. 장화 제작 주문을 한 그 귀족은 얼마 후에 죽을 사람이었다. 하지만 그 귀족은 자기가 어떻게 될지 알지 못한 채 자기 중심적으로 오만하게 살고 있었다. 천사의 예측대로 그 귀족은 사망했고, 그의 하인이 찾아와 장화 대신 장례식에 쓰일 슬리퍼를 제작해 달라고 주문을 번복한다. 이를 통해 자신의 앞날에 대해 아는 것이 인간에게 허락되지 않았음을 천사는 깨닫는다.

요한 복음 21장에서 사도 베드로는 예수님의 사랑받는 제자가 어떻게 될 것인지 예수님께 묻는다. 이때 예수님께서 "내가 올 때까지 그가 살아 있기를 내가 바란다 할지라도, 그것이 너와 무슨 상관이 있느냐? 너는 나를 따라라."(요한 21,22) 하고 말씀하신다. 베드로가 예수님의 수석 제자라고 해도 미래가 어떻게 될지 아는 것이 허락되지 않았다.

이 질문을 통해 톨스토이가 우리에게 전하고자 하는 바는, 미래를 아는 것이 우리에게는 허락되지 않았기에 미래가 어떻게 될지 미리 걱정하거나 예단하면서 시간을 허비하지 말고 주어진 현실에 최선을 다하여 살아가는 데 마음을 쓰라는 의미일 것이다.

하느님의 마지막 질문은 사람은 무엇으로 사는가?이다. 세 번째 물음에 대한 답을 얻게 된 순간은 어느 부인이

두 여자 아이를 데리고 와서 그들을 위한 구두 제작을 주문할 때였다. 그 부인은 자기가 데리고 온 두 여자 아이는 자기 친딸이 아니라는 것을 밝히면서 그 아이들을 키우게 된 사연을 이야기했다. 이때 천사는 그 아이들이 바로 몇 년 전 자신이 하느님의 명을 어긴 사건과 관련되어 있는 출산하다 죽은 산모의 쌍둥이 아이들임을 알아차리게 된다. 천사는 자신의 걱정과는 달리 엄마 아빠 없이도 잘 자란 아이들을 보며 감격했다. 그리고 사람은 무엇으로 사는가?에 대한 물음에 확신을 얻게 된다.

바로 사람은 하느님의 사랑, 곧 하느님의 돌보심과 이끄심 덕분에 살아간다는 사실을. 우리는 종종 보이지 않게 작용하는 하느님의 돌봄과 이끄심을 잘 깨닫지 못하기에 하느님을 원망하거나 하느님께 저항하면서 살아간다. 특히 시련 앞에서 하느님의 부재를 느끼며 하느님의 뜻을 찾으려는 노력을 게을리한다. 자신의 좁은 식견과 편향된 시선으로 시련을 대하다 보면 하느님을 원망하며 불신앙에 빠지기도 한다.

루카 복음 1장에 등장하는 세례자 요한의 아버지 즈카

르야가 하느님의 돌보심과 이끄심을 깨닫지 못하고 불신앙에 빠진 경우에 해당한다. 그는 젊을 때부터 아기를 갖게 해달라고 기도했지만 하느님께서 그의 청을 받지 못하다가 늘그막에 가브리엘 천사에게서 아이를 갖게 된다는 소식을 듣는다. 이때 즈카르야는 이미 늙은 나이에 어떻게 그런 일이 가능하겠느냐며 하느님의 전능을 의심한다. 어쩌면 즈카르야는 자기 방식으로 하느님께서 자기에게 다가오시지 않아서 하느님께 불만을 품었으리라! 그는 하느님께서 자신에게 베푸신 크신 은총을 먼저 헤아리지 않고 자기 방식에 맞게 은총을 베푸시지 않았음을 더 중시하면서 화가 나 있었던 것 같다.

나도 중학생 시절 어머니께서 내 몸에 꼭 맞는 교복을 사 주시지 않아서 화가 난 적이 있다. 경제 사정이 넉넉하지 않아서 그리고 오뉴월 죽순처럼 빨리 자라는 시기여서 그리했다는 점을 헤아리지 못하고 내 방식대로 해 주지 않은 것에만 집착해 있었다. 자세히 따져보면 자기중심적인 태도로 인해 내가 나에게 상처를 준 것이다.

이에 반해 성모님은 처녀로서 아이를 갖게 된다는 천

사의 소식을 듣고 그것이 자신에게 크나큰 시련을 가져다 줄 수도 있지만, 자신에게 닥칠 수 있는 시련에 마음을 두기보다는 그 안에서 하느님의 뜻을 이루는 데만 마음을 쓰셨다. "주님의 종이오니 그대로 내게 이루어지소서."(루카 1,38)라는 응답 안에 성모님의 마음가짐과 태도가 드러나 있다. 성모님은 인간이 무엇으로 살고 있는지? 그리고 인간은 무엇을 향해서 살아야 하는지를 명확히 알고 계셨다. 성모님께서는 "전능하신 분이 당신에게 큰 일을 해 주신" 덕분에 살아갈 수 있으며, 걱정이나 시련, 고통에서 벗어나기보다는 오로지 하느님의 뜻을 이루는 데 관심을 두셨다.

그것이 바로 우리가 도달해야 할 삶의 목적이기 때문이다. 성모님의 이러한 신앙 덕분에 하느님의 아들이 우리와 함께 머무시고, 우리를 구원의 길로 인도하실 수 있게 되었다.

세상적인 눈으로 볼 때 나는 사제가 되기까지는 몇 번의 어려운 시련들을 겪었다. 무엇보다도 부모님이 일찍 이세상을 하직하셨음에도 전능하신 분께서 형님을 통해 나에게 큰 일을 해 주신 덕분에 시련들을 잘 극복하고 현재 사제로서 살아가는 은총을 누리고 있는 것이다.

이스라엘 백성이 이집트에서 탈출할 때, 하느님께서 불기둥과 구름기둥으로 이끌어주신 것처럼 나에게도 삶의 여러 사건들을 통해 당신의 뜻을 드러내시고, 하느님의 뜻이 등불이 되어 나를 이끌어 주셨다. 하느님께서는 당신의 뜻을 모든 사건과 세상 만물 속에 넣어두셨기에 하느님의 뜻을 통해 우리를 이끌어 주신다. 따라서 우리는 하느님의 뜻을 찾아서 그 뜻을 이루어야 한다.

서품 25주년을 맞은 이 시점에서 톨스토이의 세 가지 질문을 가슴에 새기면서 "사람은 무엇을 위하여 살아야 하는가?" 하는 질문을 한 가지 더 덧붙이고자 한다.

사제가 되기까지의 삶

『나의 울타리 1』을 탈고하면서 제 삶을 이끌어 오신 주님께 감사의 마음을 담아 이 책을 봉헌합니다.

지금까지의 삶이 해피엔딩으로 향해 나아가는 이유는 궁극적인 의미의 세계로 인도해 주시는 하느님의 자비와 인자하심 덕분입니다. 제가 걸어왔던 삶을 나누는 것이 그 동안 무수한 도움을 주신 하느님과 은인, 지인들에게 조금이나마 은혜 갚음 하는 길이 아닐까 하는 생각이 듭니다.

이 책은 종이 위에 쓰여진 글이기도 하지만, 제 삶에 대한 기쁨과 슬픔, 고통과 감사, 그리고 하느님의 부르심에 응답한 개인적인 신앙의 역사를 담았습니다. 그리고 하느님의 사랑의 빛을 전해주신 가족과 수많은 은인들의 도움이 아니었다면 지금의 나는 상상할 수조차 없습니다.

이 책은 사제생활 25주년을 기념하는 의미를 담고 있지만, 일단 태어나서 사제가 되기까지의 삶을 되돌아 보았습니다. 나머지 25년의 사제생활에 대해서는 『나의 울타리 2』에서 되짚어 보고자 합니다. 아마도 이 책은 내년에 출간될 예정입니다.

이 책이 빛을 보게 되기까지 많은 분들의 격려와 도움이 있었습니다. 우선 제가 사제 성소를 꿈꿀 수 있도록 삶의 모델이 되어주신 김태윤 안드레아 신부님께 이 지면을 빌려 감사를 전합니다. 김 신부님께서는 제가 청소년 시절부터 지금까지 신부님의 향기 나는 사제생활을 통해 저를 이끌어 주셨습니다.

또한 추천사를 써 주신 이순성 베드로 신부님께 감사를 드립니다. 이 신부님께서는 고등학교 1학년 때부터 지금까지 우리 가족의 삶을 지켜봐 주셨고, 저를 지지해 주시고 격려를 아끼지 않으셨습니다.

그리고 신학교 시절부터 지금까지 제 영성지도 신부로서 제 영적 생활을 동반해 주신 이문주 프란치스코 보르지아 신부님께도 무한한 감사를 드립니다. 이 신부님께서는 저를 하느님의 눈으로 바라보셨고, 제 부족함과 허물을 하느님의 마음으로 어루만져 주셨습니다.

동창신부로서 추천사를 써주신 한동성 신부님께도 감사를 전합니다. 한 신부님은 신학교 시절부터 지금까지 동고동락한 벗으로서 저를 응원해 주시고 지지해 주셨습니다.

함께 일하는 협력자로서 추천사를 써주신 염경자 보나벤투라 수녀님께도 깊은 감사를 드립니다. 염 수녀님은 제가 가톨릭중앙의료원에서 소임을 잘 할 수 있도록 힘과 용기를 불어넣어 주고 계십니다.

사제로서 살아가는 제 모습을 존귀하게 여겨 주시고 묵묵히 응원해 주시면서 축복의 글을 보내주신 보자기 아티스트 이효재 선생님, 저와의 만남과 인연을 소중한 글로써 표현해 주신 하영숙 베로니카 박사님, 제 졸저가 한 권의 책으로 출간되기까지 수정·보완해 주신 서 마리아 수녀님과 정기옥 선생님, 그리고 제 책이 돋보이도록 삽화 작업을 해 주신 최선희 작가님, 책 디자인과 출판 등을 위해 정성을 다해 주신 예지 출판사 김종욱 플로라 대표님을 비롯한 모든 편집진께도 감사드립니다.

끝으로 제가 사제가 되기까지 기도와 정성으로 뒷바라지해 주시며 헌신과 희생을 바치신 형님들, 누님들, 자형과 형수님들, 그리고 사랑스런 조카들에게 이 책을 바칩니다.

2021년 9월 8일 성모탄생축일에
반포단지 성의교정에서
김평만 유스티노 신부

나의 큰형님

하영숙
(가톨릭의과대학 인문사회의학연구소)

신부님과의 만남

어느 해 늦가을, 난 가톨릭의과대학에 봉직하는 교수님의 소개로 신부님을 만났다. 가끔 교정이나 세미나에서 뵙기는 하였지만 정식으로 인사를 드린 것은 처음이었다. 그때 나는 생명윤리를 공부하고 있었다.

그날 신부님과 우리는 생명을 위한 먹거리의 중요성에 관한 이야기를 많이 나누었던 것 같다. 반짝이는 소년의 눈빛으로 시골 이장님의 푸근한 인상을 풍기던 신부님이셨다.

그 이후로 세미나나 교정에서 신부님은 나와 마주치게 되면, 나의 공부에 대해 물어봐 주시고 격려해 주셨다. 이

듬해 봄날 학교 뒷동산이 벚꽃나무 숲으로 장관을 이룰 때, 난 신부님께 소설 속 폭풍의 언덕에서 불어오는 바람처럼 벚꽃이 떨어지니 구경하러 가시라고 권하기도 하였다. 언젠가는 박사논문 재수의 어려움을 신부님께 호소하기도 하였는데, 신부님은 당신이 로마에서 영성신학 박사학위를 받기까지 겪은 애로사항을 들려 주시면서 용기를 북돋아 주셨다.

영신수련 피정

신부님께서는 1년에 한 차례 여름방학을 이용하여 전공하신 이냐시오 영신수련 8일 피정을 지도하신다. 졸업을 앞두고 참여한 그 피정은 신부님께 더욱 고마운 마음을 간직하게 된 계기가 되었다. 영신수련 피정 중에 신부님께서는 시공간을 넘나들며 하느님과 예수님과 대화하는 관상의 기도로 들어갈 수 있도록 안내해 주셨다. 이제까지 내가 해왔던 기도문을 외우던 방식의 기도 습관을 벗어나기가 쉽지는 않았다.

하지만 매일 미사, 성체조배, 신부님과의 면담, 성서 묵상 등은 관상 안에서 하느님과 예수님과의 대화에 적극적으로 참여하여 그런 나 자신을 객관적으로 의식할 수 있는 데 많은 도움이 되었다. 관상의 기도를 훈련하면서 내가 왜 태어났는지, 내가 무엇을 위해 살고 있는지, 어떤 삶을 살아야 하는지에 대한 물음에 조금씩 다가가고 있는 즈음에, "예수님께서 어떻게 오천 명을 먹이셨는지"(마태 14,13-21)에 대한 성서의 말씀을 묵상하다가 산들바람으로 오시는 예수님을 체험할 수 있었다. 그 순간 내 마음에 말할 수 없는 평화로움이 밀려왔다. 이런 신비로운 느낌은 생전 처음이라 어리둥절하였는데, 신부님께서는 관상의 기도를 통하면 시공간을 넘나드는 영적인 상태를 현실에서 이렇게 느낄 수 있다고 하셨다.

남은 영신수련 피정 중에 아쉽게도 그런 신비로운 느낌을 다신 맛보지 못했지만, 그때의 그 선명한 기억 덕분인지 지금은 어설프게나마 관상 기도의 신비로움에 잠기곤 한다. 때로는 관상의 장면이 마음속에 깊이 남아서 어떤 불만이 지속되지 않고 상처가 치유되기도 하고, 기쁨이 배로 되는 은총 속에 머물기도 한다.

이런 신비로운 체험이 신부님께서 말씀하신 시공간을 초월한 영원한 세계를 맛본 것이며, 하느님과 예수님과 일치된 은총이리라. 만약에 영신수련 피정을 하지 않았다면, 나는 여전히 외우는 기도문에 의존하는 기도생활에 머물고 있었을 것이다. 하느님과 예수님께 몰입할 때 관상의 기도에 초대된다는 것을 깨우쳐 주신 신부님께 감사하다.

거룩한 공간

풍성한 나무숲에서 매미소리가 요란한 무더운 여름날, 나는 졸업을 하고 학교를 떠났다. 그리고 어느 기관에 연구원으로 있다가 올봄 다시 학교로 오게 되었다. 하얀 목련꽃이 탐스럽게 피어있던 날, 난 서울성모 별관 3층 집무실에 신부님께 인사드리러 갔는데, 큰 회의 테이블 위에 70~80센티 정도 높이의 성모님이 먼저 반겨주셨다. 배시시 웃는 노란 배추꽃 같은 성모님의 모습과 그 곁에서 미소 짓고 계시는 신부님이 모자지간처럼 닮았다는 생각이 들었다.

한참이 지나 학교생활이 익숙해지고 담장 위 빨강 넝쿨 장미가 아름답게 피어나는 성모성월에 나는 성모님께 드릴 작은 분홍빛 장미꽃 화분을 하나 들고 신부님을 방문하였다. 그때가 퇴근 무렵이었는데 서산으로 지는 해님이 창문 사이로 비집고 들어와 성모님을 뒤에서 살포시 안고 있었다. 곧 해질녘 노을로 물들어가는 성모님의 향기가 장미꽃 향기와 함께 방안에 가득할 것 같았다. 문득 하루 종일 함께 있는 성모님과 신부님은 무슨 이야기를 나눌까? 하는 생각이 들었다. 세상의 엄마와 아들의 관계처럼 눈빛만 쳐다보아도 서로의 마음을 알아채고 헤아려 주지 않을까?

성모님과 신부님을 번갈아 바라보니, 신부님을 바라보는 성모님의 모습이 하얀 치자꽃 같았다. 행복이라는 꽃말도 가지고 있는 치자꽃처럼 성모님께서는 신부님과 함께 계시면 즐겁고 행복하신가 보다. 신부님의 얼굴도 성모님의 사랑으로 편안해 보였다.

시간의 아름다움

최근에 신부님께서 매년 한 권씩 책을 내시겠다며 작년에는 『치유의 순례기』, 올해는 서품 25주년을 맞이하여 당신의 탄생부터 사제로 서품받기까지의 삶에 관한 글을 쓰셨다. 나는 신부님의 글을 읽으면서 신부님의 울타리가 되어주신 신부님의 형님이 참 대단하게 여겨졌다. 특히 형님께서 신부님이 태어나셨을 때의 갓난아기 손 모양을 마당의 감나무 잎과 바람, 햇빛에 비추어 귀한 다이아몬드로 비유하신 멋진 시적 표현이 인상적이었다. 아마도 아주 작은 다이아몬드라도 다른 보석과는 달리 쉽게 깨지지 않는 단단한 다이아몬드의 속성을 알고 계신 형님은 늘 신부님이 어린 자신의 작은 손을 기억하고 겸손한 사제로 살아가시길 염원하신 것 같았다.

저녁에 동네 마실 나가셨다 집으로 돌아와 새벽에 황망하게 돌아가신 어머니의 이야기에서는 눈물샘이 터져 나왔고, 막둥이를 두고 이승을 떠나야만 하는 어머니의 애가 얼마나 타셨을까? 나 역시 자식을 키우는 입장에서 어머니의 애타는 마음이 그대로 전해져 오는 것 같았다.

"막둥이를 잘 부탁한다."는 어머니의 유언대로 막둥이 동생에게 때로는 엄한 아버지처럼, 때로는 자상한 어머니의 모습이 되어 주신 형님의 숭고한 희생과 사랑에 저절로 숙연해지기도 하였다. 형님의 수많은 밤과 낮의 시간은 어머니, 아버지의 따뜻한 돌봄과 보살핌의 자리에 지극한 동생 사랑으로 채워서, 막둥이 동생을 사제로 길러 내시고 신부님이 우리 모두에게 선물이 되시도록 한 고통과 은총이었으리라.

한편으론 아무리 형제가 부모처럼 아니 부모보다 더 잘해 주어도 그 안에 어떤 결핍이 있을 수 있을진대, 고비 고비마다 하느님의 이끄심에 순응하며 어려운 환경을 잘 헤쳐 나올 수 있는 원동력이 되어준 것은 아마도 신부님의 순박성과 진실성이리라. 이제는 하늘나라 어머니께서 형님과 신부님을 흐뭇하게 바라보고 계시리라. 일반적인 형제애를 뛰어넘는 형님의 동생에 대한 큰 사랑에 감동받았고, 형님의 사랑에 보답하듯 훌륭하게 자라신 신부님도 자랑스럽다.

신부님의 진솔한 글을 읽는 내내 신부님의 방 성모님

께서,

"으이그, 이쁜 내 아들…"(엉덩이 톡톡!!, 팡팡!!!)

"그래그래, 애썼다…"(머리 쓰담쓰담…)

"그동안 힘들었지?"(어깨 토닥토닥)

하시면서 신부님을 꼬옥 안아주는 모습이 상상이 되었다. 그동안 성모님은 신부님을 마음의 아들 삼고 신부님은 성모님을 마음의 엄마라 여기며 서로 다정한 모자지간의 애틋한 정을 나누고 계셨는가 보다.

신부님의 글을 다 읽고 난 뒤에, 이 세상에서의 생물학적인 관계를 서로에게 그리스도의 향기가 되어준 두 사람, 형님과 신부님의 아름다운 형제애에 진심으로 깊은 존경과 감사의 마음이 들었다. 두 사람이 함께 해온 그동안의 시간들이 아름답게 느껴졌다. 그리고 우리들의 영혼이 맑은 샘이 되도록 이끌어주시는 멋진 신부님, 매순간 우리가 무엇을 위해 살아야 하는지에 대해 고민하게 해 주시고 그 길을 앞장서서 열어주시는 멋진 신부님과의 작은 인연에 감사드린다.

하늘 냄새

이효재(보자기 아티스트)

나는 가끔씩
사람에게서 하늘 냄새를
맡는다 ~

매사 우직하고
고집스럽고 똑똑하게
예수님만 보고 외길을 가시는
신부님을 안 뵐 때도

칡넝쿨 볼 때마다 ~

사람에게서도
하늘 냄새가 나는구나
짧은 시 구절 읊조리며…
화살기도를 드리게 된다

단어 하나 하나
악보에
스타카토 점 찍듯이
진지하신 ~
신부님께서

한 글자 한 글자
새기셨을 ~ 고백록

글자 한 자 한 자
꽃처럼 피어나서 ~
칡꽃 향기처럼
우리 모두에게
안녕과 평화의 샘물로
퍼올려지길 응원합니다
기도드립니다 ♡
아멘 ♡

우리 곁에 함께 할 수 있게
보내주셔서
감사드립니다 ♡

유스티노 신부의
나의 울타리 ❶

교회인가 2021. 8. 18.

글쓴이 김평만

1판 1쇄 인쇄 2021. 9. 10.
1판 1쇄 발행 2021. 9. 20.

펴낸곳 예지 **| 펴낸이** 김종욱
편집 디자인 예온

등록번호 제 1-2893호 **| 등록일자** 2001. 7. 23.
주소 경기도 고양시 일산동구 호수로 662
전화 031-900-8061(마케팅), 8060(편집) **| 팩스** 031-900-8062

ⓒ Kim, Pyeong-Man 2021
Published by Wisdom Publishing, Co.
Printed in Korea

ISBN 979-11-87895-24-4 03230

예지의 책은 오늘보다 나은 내일을 위한 선택입니다.

이 책의 저자 김평만 신부님께서는 〈이에이치 사회적 협동조합〉에서 추진하는 핵심사업인 발달장애인(솔봉이)들의 자활과 교육을 위해 이 책에서 발생되는 인세 및 1천 권에 대한 수익금 전액을 기부하셨습니다.

진심으로 감사 드리오며, 발달장애인(솔봉이)들을 위한 자활과 교육에 후원해 주실 분들은 아래 계좌로 후원해 주시면 고맙겠습니다.

EH 사회적 협동조합 이사장 남호우 배상

후원계좌 : 우리은행 1005-204-013747

예금주 : 이에이치 사회적 협동조합

※ 문의사항은 〈이에이치 사회적 협동조합 사무국〉으로 연락 바랍니다.

www.ehsocialcoop.net

이메일 ehsocialcoop@naver.com

전화 010-4441-1530